늘

제자리인 것

같아도

> 잘 못해도, 실수해도 괜찮아.
> 처음부터 잘하는 사람은 없어.
> 너는 성장하는 중이잖아.

차례

프롤로그 마리모 이야기 12

1부
소소한 일상

고양이 자기만의 리듬으로 자유롭고 우아하게 20

육아 일기 소소하지만 소중한 추억 25

요통과 고독 중심이 무너지지 않도록 30

쑥갓의 꽃 나답게 산다는 것 35

다시 월요일 허무의 세계에서 의미의 세계로 41

아이러니 우리를 넘어뜨리는 사소한 것들 46

취미는 전시회 감상 예술적 창조성의 기원을 찾아서 51

노른자, 그리고 흑자 속사람은 날마다 새롭게 태어나고 57

2부
성장하는 마음

불멍, 물멍 건강한 마음을 유지하는 법 64

지금, 여기 현재를 충실하게 70

MBTI 마음을 이해하고 존중하는 길 76

통찰 나를 바르게 바라보려면 83

공감 마음을 비추는 거울 90

안녕, 프시케 성장시키는 사랑 96

번아웃에 대하여 적당히 일하는 연습 102

천재와 바보 나의 재능을 찾아서 110

성숙한 인격 내면을 들여다보는 용기 116

3부
예술의 아름다움과 즐거움

음악이 주는 위로 예민한 감수성의 기쁨과 슬픔 126

백조와 오리 느리더라도 한 걸음씩 134

함께 손 잡고 벽을 넘는 것 희망을 건네는 기술 139

예술의 기쁨 빛과 아름다움을 사랑하는 마음 145

장난기 힘을 빼고 느슨하고 관대하게 151

승화 위로 날아올라 내려다보는 여유 158

경이로움 어린아이와 같은 마음 165

지극하다는 것 거룩함에 다가가는 영혼의 이끌림 170

4부
하나님과 함께 걷기

빈 공간 마음속에 예수님을 모신다면 178

빛으로 어둠 속에 머물지 말고 184

그중의 제일은 사랑 가장 중요한 가치 191

천사 손님 우리를 지켜 주는 아이들 197

질문을 품고 사는 것 기도하며 사는 삶 204

플랜 J 이번 생을 망하지 않는 최고의 방법 210

하나님과 함께 걷는 길 누가 대신할 수 없는 순례길 216

소명 직업적 소명, 인생의 소명 222

의미 마음이 성장하는 이야기 227

다 알 수 없을지라도 가까이할수록 가까워지는 비밀 233

선물 같은 하루 하루를 보내는 마음 239

에필로그 마리모의 안부를 전하며 244

좁은 유리병 안에서
꼼짝 못하던 마리모

빛을 받아
공기 방울 날개를 달더니

수면에 닿을 때까지
위로 위로 살포시 떠올라

자기만의 리듬으로
자유롭고 우아하게 자라고
있었네요

프롤로그

마리모 이야기

아이가 교회에서 어린이날 선물로 받아 온 마리모가 제법 커져서 조금 더 큰 유리병을 새로 샀습니다. 마리모는 초록색 털북숭이처럼 귀엽게 생겼어요. 폴폴 거리면서 마구 돌아다닐 것처럼 생겼는데 식물이라 움직이지도 못하는데다가 정말 조금씩 자라서 1년이 지나서야 그동안 잘 자란 것을 알게 되었습니다.

온도와 햇빛이 적당했는지 마리모는 신기할 정도로 자주 떠올랐습니다. 특히 물을 갈아 준 다음 날에는 어김없이 둥실 떠올라서 마치 마리모가 잘 돌봐 주어 고맙다고 인사하는 것 같았어요. 동동 잘도 떠올라서 이름도

'동동이'입니다. 마리모가 수면 위로 떠오르는 모습을 보는 것은 행운이라 할 정도로 드문 일이라고 하더군요. 사실은 마리모가 스스로 올라가는 것이 아니라 광합성을 해서 만들어진 산소 방울들이 마리모를 수면까지 올려 주는 것이라고 합니다.

    2020년 봄, 코로나19 유행으로 아이들이 학교에 거의 가지 못했습니다. 한창 학교생활의 즐거움을 누려야 할 학생들이 장시간 집에서만 머물렀고 여러 가지 사회활동을 경험해 보아야 할 청년들도 일상에 많은 변화가 왔습니다. 온라인 판매 업체는 사정이 달랐겠지만 저희 동네 작은 가게들도 여러 군데 문을 닫았습니다. 직장생활을 하는 분들도 코로나 감염 위험을 무릅쓰고 버스와 지하철로 출퇴근하며 불안하게 지냈습니다. 다음 계절에도, 그다음 계절에도 코로나는 지속되었습니다.

    저도 조금만 쉬어야지 하던 것이 점점 길어져 3년 동안 집에 있으면서 아이와 알콩달콩(또는 아웅다웅) 지냈습니다. 다니던 직장을 그만두어 시간적 여유가 조금 생기니 사람들에게 뭔가 도움이 될 만한 글을 써 보고 싶다는 생각이 들었습니다. 지난 10년간 병원에서 많은 환자들을 만나면서 차곡차곡 쌓아 온 마음과 별처럼 하나둘씩 떠오른 단상들을 어떻게 연결하고 풀어 나가야 할지 고민이 되었습니다. 그러던 어느 날 마리모 동동이를 새로운 눈으로 바라보게 되었어요.

"마리모야, 좁은 유리병 안에서 꼼짝도 못하고 답답하겠다. 늘 제자리인 것 같지? 빛을 잘 받아야 해. 공기 방울 날개 달면 너의 하늘에 닿을 수 있을 거야. 높은 곳을 향해 보자. 하늘에 닿으면 정말 기쁠 거야. 그런데 또다시 그 자리에 있지? 그렇지만 너는 달라지고 있어. 날마다 성장하고 있거든."

마리모를 바라보며 저의 환자들에게 해 주고 싶었던 말, 때로는 종교가 달라서 하지 못했던 말이 떠올랐습니다. 늘 제자리인 것 같아서, 나만 못나게 태어난 것 같아서 좌절하고 아파하던 환자들이 생각났습니다. "나는 왜 이럴까?" 자책하고 다른 사람과 비교하면서 우리는 불행의 늪에 빠지게 됩니다. 열심히 애써 보아도 다시 바닥이라는 현실이 끝없이 반복되는 것 같아 낙담합니다. 제가 도울 수 있는 부분은 최선을 다해 보지만 마음 한쪽에 안타까움이 남아 있었습니다. 그분들이 하나님의 사랑을 조금이라도 알게 되면 좋겠다, 자신이 얼마나 귀하고 소중한 존재인지 깨닫게 되면 좋겠다는 생각을 참 많이 했습니다.

늘 제자리인 것 같아도 우리는 보이지 않게 성장하고 있습니다. 조그만 마리모도 항상 그대로인 것 같지만 계절마다 햇살이 스며들어 천천히 자라고 있는 것처럼요.

우리 마음도 마리모처럼 빛을 받아 계속해서 성장하고 성숙해질 수 있어요. 특히 진료실을 찾아온 용기 있는 환자분들은 그 순간부터 이미 성장하기 시작한 것입니다. 자신을 돌아보기 시작하고 더 나아지고 싶어 하며 변화를 시도하는 사람들은 분명 이전과 달라집니다. 남들은 혹시 눈치 채지 못할 수도 있지만 자신의 마음을 탐색하는 동안 많이 느끼고 생각하며 스스로 새로운 내면을 발견하게 될 것입니다. 나에 대해 잘 알아 가고 나의 모습을 있는 그대로 존중하며, 그것을 토대로 다른 사람과 공감하고 연대하면서 우리는 자아의 경계를 확장하고 정신적으로 성숙해집니다. 또한 물질 이면의 세계가 존재한다는 것과 우리의 영혼에 대해 생각하면서, 하나님이 어떤 분이며 예수님의 사랑이 어떤 것인지 알아 가면서 우리는 영적으로도 새롭게 성장할 수 있습니다. 사람은 사랑받고 사랑하도록 창조되었고 우리는 그 사랑 안에서 서로의 성장을 도우며 살아갑니다.

  이따금 우리는 현실과 이상 사이, 그리고 이 땅과 하늘 사이의 간극 때문에 주저앉고 실망하기도 합니다. 그럴 때 아름다운 자연과 예술, 즐거운 유머는 공기 방울처럼 우리를 하늘로 둥실 떠오르게 해 줍니다. 하늘의 기쁨을 조금이나마 맛보게 해 줍니다. 우리의 마음을 가볍게 해 주고 웃을 수 있게 해 줍니다. 빛과 사랑이신 하나님을 향해 다시 고개를 들도록 도와줍니다. 좋은 생각이 떠오르도록, 사랑이 차오르도록, 그리고 다시 희망을 품도록 말이죠.

"잘 못해도, 실수해도 괜찮아. 처음부터 잘하는 사람은 없어. 너는 성장하는 중이잖아."

원래 제 아이에게 했던 말이지만 마리모처럼 조금씩 성장하고 있는 우리 모두에게 (지금 이 글을 쓰고 있는 저에게도!) 들려주고 싶은 말입니다. 고백하건대, 저는 그저 일요일마다 교회 목사님이 전해 주시는 말씀을 들으며 한 주 한 주 평범하게 생활해 온 허당끼 많은 평범한 신자입니다. 저에게는 깜짝 놀랄 만한 신앙적 체험 이야기도 없고 사회에서 대단한 성과를 거둔 성공담도 없습니다. 환자들의 진료 기록을 제외하고 이렇게 진지하게 글을 적어 본 것도 처음입니다. 그렇지만 어쩌면 저의 글이 누군가에게 위로와 희망을 줄지도 모른다는 바람으로 의사와 환자의 관계가 아닌 이웃으로, 빵집에서 종종 마주치는 동네 친구처럼 진료실에서 하지 못했던 이야기를 가만가만 전하려 합니다.

글을 쓰는 것은 진실한 마음과 끈기와 용기가 필요한 일이었습니다. 이야기를 다 써 놓고도 여러분께 전달할 수가 없어 혼자 간직할 뻔했는데 때마침 선선한 바람이 불어와 어디로든 가 보자며 제 등을 두드렸습니다. '바람이 불어오는 곳'에서 여러분께 닿을 수 있게 격려해 주신 덕분에 용기 내어 제 마음을 지면에 실어 보냅니다. 글재주가 부족하여 머릿속에 있는 생각들을 조리 있게 표현하지 못했지만 여러분의 성장을 응원하는 저의 진심만은 그대로 전해지기를 소망합니다.

1부

소소한 일상

자기만의 리듬으로
　　　자유롭고 우아하게

고양이

"냐아아옹."
하루에도 몇 번씩 제 앞에서 애교를 부리며 야옹야옹거리고 자꾸 저를 빤히 쳐다보며 눈빛으로 무언가를 전달합니다. 얼굴을 들이대고 코를 비비며 제 무릎에 자리를 잡고 폭 안겨서는 컴퓨터 화면을 못 보게 방해합니다.
　　"글 다 쓰면 보여 준다더니 언제 보여 줄 거냐옹?"
　　대략 6년 전부터 고양이를 너무 좋아한 나머지 자

기가 사람의 몸을 가진 고양이라고 우기는 반인반묘(반묘반인과 반인반묘는 다르다네요) 고양이 아들입니다. 심지어 매일 아침 물만 찍어 바르는 고양이 세수를 하고 발톱 깎자고 하면 도망가는 것도 똑같아요. 너무 귀엽다는 것도 치명적인 공통점입니다. 얼마 전 알레르기성 비염 때문에 소아과에 갔다가 고양이를 키워도 되냐고 여쭤봤나 봅니다. 그런데 의사 선생님이 고양이는 만 12세는 지나고 나서 키우라고 하셨다며 어찌나 슬퍼하던지요. "나만 없어, 고양이." 몇 년째 받고 싶은 선물 목록 1호는 늘 고양이인데 말이지요. 대신 집에 고양이 책, 고양이 그림, 고양이 인형이 넘쳐 납니다. 저도 아이 덕분에 뒤늦게 고양이를 좋아하게 되었어요. 하지만 아토피 피부염이 심해 잊을 만하면 어딘가 긁어서 기어코 상처를 내는 남편과 알레르기성 비염으로 가끔씩 킁킁거리는 아이를 생각하면 차마 키울 수가 없습니다. 대신 아이와 함께 종종 고양이 카페에 가서 고양이를 마음껏 보고 옵니다.

    2020년에 뮤지컬〈캣츠〉팀이 내한 공연을 했을 때엔 아이가 너무 좋아해서 두 번이나 보러 갔어요. 사실 공연을 보기 전에는 고양이 분장을 한 배우들 모습이 좀 우스꽝스러워 보이지 않을까, 사람이 고양이 흉내를 내는 게 어색하지 않을까 약간 의심을 했는데 전혀 그렇지 않았습니다. 배우들의 유연한 몸짓과 기다란 고양이 같은 동작에 정말 감탄했어요. 새로운 고양이 캐릭터가 등장할 때마다 그 독특한 개성과 찰떡같이 잘 어울리는 노래들이 보는 내내 마음을 즐겁고 설레게 해 주었습니다. 요즘도 가끔 그때 보았던 뮤지컬 이야기를 하거나 OST를 들을 때면 저절로 미소가 지어집니다.

    고양이에 관한 책을 읽다 보면 고양이에 대한 찬사는 이제 더 이상 새로운 것이 나올 수 없을 만치 이미 많은 사람들이 멋진 말을 해 둔 것 같습니다. 기억에 남는 것 중 하나는 워렌 엑스타인이라는 동물 행동 전문가가 한 말인데요, "하나님께서 인간을 창조하셨으나 인간이 너무나 힘없이 있기에 그에게 고양이를 주셨다"는 말입니다. 고양이는 지루한 삶에 생동감을 불러일으킵니다. 고양이의 총명한 눈빛과 우아한 자태를 보면 금방 사랑에 빠지게 됩니다. 돌봐 주는 인간에게 잘 보이려 하기는커녕 자기 하고 싶은 대로 사는 도도한 모습을 잃지 않습니다.

    세상에 고양이만큼 '매력적'이라는 칭찬을 많이 듣는 동물이 또 있을까요? 뛰어난 글솜씨는 없지만 저도 진심을 담은 칭찬을 살포시 얹어 볼게요. 고양이가 그 보송보송한 작은 발로 소리 없이 우아하게 걷는 걸음과 순식간에 폴짝 뛰어오르는 날렵함 사이를 자유자재로 왔다 갔다 하는 것을 보면 '루바토'가 떠오릅니다. 루바토는 박자에 얽매이지 않고 기분을 살려 자유로운 템포로 연주하는 연주법을 말하는 음악 용어입니다. 고양이는 걷는 것 자체가 예술인 '루바토의 귀재'입니다. 사람도 고양이처럼 민첩하지만 여유 있고, 부드럽지만 다부지게 자기만의 리듬으로 자유로이 살 수 있다면 얼마나 좋을까요?

게다가 바라볼수록 빠져들 것 같은 깊고 아름답고 신비한 눈을 마주 보고 있노라면, 따뜻하고 보드라운 털을 쓰다듬고 있노라면 세상은 아직 아름답고 따뜻하다고 세뇌당하기에 충분합니다. 한때 저는 정신과 진료실에서 고양이를 키우며 고양이의 힐링 파워를 활용하는 한국 최초의 '미야오' 클리닉을 상상해 본 적이 있습니다('메이요' 클리닉이 아니에요). 물론 저만의 공상에 그쳤지만요.

고양이의 매력은 '나는 고양이'임을 당당하게 드러낸다는 것입니다. 먹고 싶을 때 먹고, 놀고 싶을 때 놀고, 자고 싶을 때 자는데 사람이 보기엔 좀 지나치게 많이 잔다 싶어도 늘 천하태평입니다. 그 느긋함이 어리바리함에서 오는 것이 아니라 여유로움에서 비롯한 느낌이 드는 게 참 매력적인 것이죠. 사냥감도 아닌 인간에게는 아무 관심 없다는 듯 새침한 표정을 짓다가도 눈이 마주치면 동그란 눈으로 저를 빤히 쳐다보는 고양이 앞에서 마음 약한 저는 또 '심쿵'합니다. 그러지 않으려 해도 사랑으로 가득 찬 제 마음을 또 들키고 맙니다. 고양이는 마치 '밀당'의 고수인 양 자기가 어떻게 행동해야 사랑받는지, 자기의 자유와 공간을 지키려면 어느 정도 거리를 두어야 하는지 잘 알고 있는 것 같아요.

    아무래도 우리 집 반인반묘에게 제가 세뇌를 당했는지 고양이의 매력에 점점 깊이 빠져들고 있습니다. 아이가 만 12세가 지나도록 고양이에 대한 사랑이 식지 않으면 그때에는 남편과 함께 고양이 입양에 대해 진지하게 생각해 보아야 할 것 같네요.

함께한 책
★ 고양이말연구회, 『고양이 언어도 통역이 되나옹?』, 반니, 2018.

소소하지만
　　　　소중한 추억

육아 일기

제 아이는 초등학교 1학년이 되면서부터 피아노 학원을 다니기 시작했습니다. 어느 날 작고 통통한 손가락으로 '징글벨'을 연주해 주었을 때 어찌나 기쁘고 감동적이던지요! 언젠가 지코의 '아무 노래'를 연주할 때는 피아노 의자에 앉아서 바닥에 닿을락 말락 한 발을 까딱까딱하는 모습이 정말 귀여웠답니다. 모르던 것을 점점 알게 되고, 못하던 것을 조금씩 하게 되고, 키가 자라고 마음이 자라는 아이를 보면서 저도 같이 성장하는 기쁨을 누립니다. 젖병 물리고 기저귀 갈아 줄 때는 '요 조그만 아기를 언제 다 키우나' 하는 생각도 들었지만, 함께한 세월이 벌써 10년이나 되어 이제 저에게 안마 서비스를 해 주기도 합니다. 얼마 전엔 아이가 끓여 준 꼬들꼬들한 라면을 먹으며 "맛있다!"를 열 번도 넘게 말한 것 같아요. 10년이면 강산도 변한다더니!

문득 '우공이산'이란 말이 생각납니다. 육아는 매일 꾸준히 정성을 다한다는 점에서 우공이 산을 옮기는 것과 닮아 보입니다. 옛날에 우공이라는 노인이 집 앞을 가로막는 산을 옮길 수 있다 믿고 커다란 산을 옮기기 위해 꾸준히 흙을 파서 날랐다고 합니다. 이에 위협을 느낀 산신령이 청원을 하자 옥황상제가 우공의 노력에 감동하여 결국 산을 옮겨 주었다는 고사성어입니다. '꾸준히 노력하면 결국 이룰 수 있다'는 뜻입니다. 그런데 우공이 노력을 하긴 했지만 실제로 마지막에 산을 옮긴 것은 옥황상제였습니다. 부모가 들인 수고와 노력의 양과 질에 비례하여 반드시 자식이 잘되거나 못되는 게 아닙니다. 부모는 자식을 사랑하여 매일 먹이고 재우고 입히고 예뻐해 줄 뿐, 아이가 장성하여 어떤 어른이 될지는 하나님만이 아신다는 생각이 듭니다. 부모는 하나님의 손발이 되어 아이를 부지런히 양육하지만, 우리 아이를 가장 잘 아시고 완벽하게 사랑하시는 분은 오직 하나님뿐이심을 믿습니다.

아이의 성취는 저의 성취가 아니고 아이의 인생은 제 인생이 아닙니다. 아이의 몸은 제가 낳았지만 아이의 영혼은 하나님이 주셨습니다. 저희 부부가 아이를 돌보고 있지만 아이를 키우시는 분은 하나님입니다. 아이는 아주 조그마한 아기였지만 그 안에 이미 하나님이 주신 모든 가능성을 담고 있었습니다. 자식은 부모의 계획대로 되지 않습니다. 물론 저도 아이에게 무엇을 가르쳐 줄까 약간의 계획을 세우기는 합니다. 하지만 헛된 욕심과 지나친 열심을 내지 않으려고 합니다. 저의 부족한 계획 대신 우리의 참 부모이신 하나님의 선하신 계획과 인도하심을 기대하고 소망하기 때문입니다.

아이가 사춘기가 되면 부모는 부모대로 "내가 널 어떻게 키웠는데!" 하는 마음으로 자신의 수고를 알아주지 않는 데 대해 섭섭해하고, 아이는 아이대로 개구리 올챙이 시절을 전혀 기억하지 못하고 "나한테 해 준 게 뭐가 있는데!" 하며 대들기도 합니다. 저도 부모님께서 저희를 키우느라 얼마나 고생하셨을지 부모가 되고 나서야 알게 되었어요. 그 은혜를 기억하지 못했던 저는 제 기억력이 좋지 않다는 것을 너무나 잘 알기에 2013년 7월부터는

'사춘기 대비용 육아 일기'를 가끔 한 줄씩만이라도 쓰려고 노력하고 있습니다. 아이가 컸을 때 자신은 잘 기억하지 못하는 사랑스럽고 귀여웠던 어린 시절을 알려 주고 싶어서이기도 하고, 우리 아이만의 고유한 매력과 특별함, 저와 남편에게 커다란 기쁨과 행복을 주었던 순간들을 평생 기억하고 싶어서입니다. 사춘기가 되었을 때 꺼내 보려고 저축해 둔 추억 통장이랄까요. (아, 얼마 전 아이 친구가 연못에서 잡은 올챙이를 몇 마리 주기에 집에서 키워 보니 개구리가 올챙이 때를 기억 못할 만도 합니다. 개구리와 올챙이는 달라도 너무 다르더라고요.)

사실, 육아 일기라고 하기엔 너무 짧아서 한 줄 메모에 가깝고 바쁠 땐 거의 한 달씩 건너뛰기도 했습니다. 일기장에 쓰다가 핸드폰 메모장으로 옮겨 갔는데 실수로 기록이 일부 지워진 적도 있었어요. 그래도 어쩌다 한 번씩 메모를 들여다보면 아이의 예쁜 모습과 반짝반짝 빛났던 하루가 새록새록 기억납니다. 아이가 보여 준 사랑스러운 말과 행동, 함께한 작은 모험들, 그리고 아이만의 취향의 역사가 적혀 있습니다. 아기였을 때 우리 아이가 엄마와 아빠를 얼마나 사랑하고 전적으로 믿어 주었는지, 지금은 유치하다며 질색하지만 자기 자신을 뽀로로, 엄마를 패티, 아빠를 에디라고 부를 정도로 뽀로로에 푹 빠져 있던 날들, 세상에서 가장 작은 것들과 무한한 우주에 대한 깊은 관심, 지금도 간직하고 있는 귀여운 인형 친구들에 대한 애정, 언제나 사랑하는 고양이, 그리고 말을 배우기 시작할 때부터 즐기던 재미있는 말장난 같은 소소하지만 소중한 추억을 오래도록 기억하고 싶습니다.

아이를 키우는 동안에는 나를 위한 시간과 에너지가 항상 부족하게 느껴졌지만, 돌이켜 보니 아기에게서 부족함 없는 사랑과 신뢰를 벅차게 받았습니다. 그 아이가 이제 훌쩍 커서 제 어깨를 넘어섰습니다. 저에게 등을 긁어 달라고 할 때면 "손이 많이 가는 아들"이라며 아이를 놀리기도 합니다만, 조만간 제 키를 넘어서고 언젠가 더 넓은 세상을 향해 더 큰 모험을 떠나겠지요. 지금 이곳에서 아이와 서로 아껴 주는 하루하루가 행복임을 다시금 떠올려 봅니다. 그리고 저보다 더 아이를 잘 아시는 하나님께서 아이의 앞날을 인도해 주시길 기도합니다.

('ONE LINE A DAY'라고 무려 5년 동안 쓸 수 있는 다이어리가 있습니다. 한 날짜의 한 페이지를 다섯 칸으로 나누어 놓아서 나중에 같은 날짜의 5년간의 기록을 한눈에 볼 수 있는 독특한 일기장이에요. 한번 써 보고 싶었는데 줄 간격이 4밀리미터⋯⋯ 결국 사 놓고 줄 간격을 핑계로 안 쓰게 되었답니다. 눈이 침침하신 40대 이상에게는 추천하지 않습니다.)

중심이
무너지지 않도록

요통과 고독

직립 보행은 사람으로 태어났기에 누리는 축복이지만 때로는 고통이라는 생각이 듭니다. 특히 요즘처럼 허리가 콕콕 쑤실 때는 말이지요. 다리가 좀 더 길고 허리가 짧았으면 좋았을 텐데⋯⋯. 운동을 안 하는 것은 생각하지 않고 괜히 저의 긴 허리 탓을 해 봅니다. 잘 때와 아플 때를 제외하면 사람들은 대부분 허리를 곧게(또는 약간 구부정하게) 세우고 생활합니다. 저처럼 운동을 자주 하지 않아

척추를 받쳐 주는 척추기립근 등의 근육이 약해지면 오랫동안 허리를 곧게 세우는 것이 힘들고 괴롭습니다.

희미한 기억이지만 아마 중학생 때였던 것 같습니다. 미술 교과서에 작게 실린 자코메티의 작품을 보고 흠칫 놀랐습니다. 거친 질감의 가늘고 긴 사람이 걸어가는 형상인데 중학생이었던 제가 보기에 딱히 아름답지 않았고, 기괴하긴 하지만 아주 충격적이지도 않았습니다. "대체 이 작품이 왜 유명한 걸까?" 하고 의아해했지만 기억력 나쁜 제가 마흔이 되도록 기억하는 것을 보면 자코메티의 작품에는 보는 사람의 시선을 끄는 감동적인 무언가가 있는 게 틀림이 없습니다.

죽음을 향해 걸어가는 걸까요? 혈색이 없이 뼈만 남은 듯 빼빼 마른 '걸어가는 사람'을 보면 거의 죽어가는 사람 같습니다. 그러나 그는 가만히 누워서 죽음을 기다리지 않고 아슬아슬하게 가느다란 허리를 꼿꼿이 세운 채 정면을 응시하며 계속해서 걸어갑니다. 자코메티는 이 사람에게 아무것도 덧붙이지 않고 도리어 거추장스러운 육신의 물질적인 부피와 질량을 제거해 버렸습니다. 인간임을 알 수 있는 뼈대밖에 남지 않았지만 그래도 앞으로 걸어가야 한다고 말하는 것 같습니다. 고통스러운 현실이지만 그럼에도 불구하고 살아야 한다는 '의지'만 남은 사람 같습니다. 하늘을 향하여 곧게 세운 허리에서 그의 삶에 대한 의지를 봅니다.

기독교 성경에도 허리에 관한 말씀이 나옵니다. 베드로전서에 보면 "그러므로 너희 마음의 허리를 동이고 근신하여 예수 그리스도께서 나타나실 때에 너희에게 가져다주실 은혜를 온전히 바랄지어다"라고 합니다. 그리고 에베소서에는 허리를 동이는 허리띠가 전신갑주 중 첫 번째로 나옵니다. "그런즉 서서 진리로 너희 허리띠를 띠고 의의 호심경을 붙이고." 서 있다는 것, 허리를 바로 세운다는 것은 우리 삶의 중심을 바로 세우는 일인지도 모릅니다. 허리를 동여매는 띠는 삶의 중심이 흔들리거나 무너지지 않도록 잡아 주는 역할을 합니다. 그 허리띠는 바로 진리이신 예수 그리스도이며 아버지의 말씀 곧 성경입니다. 우리의 중심에 진리이신 예수님을 모시는 것이 전쟁터 같은 삶의 현장에서 우리를 무장시켜 주고 보호해 줍니다.

성경 말씀을 생각하니 어쩐지 자코메티의 작품 속 그 사람에게 진리의 허리띠를 전해 주고 싶어집니다. 죽음 앞에서 고독하지만 의연하게 걸어가는 모습은 예수님을 알기 전 우리들의 자화상입니다. 삶의 끝에는 죽음이 있고 누구도 죽음을 피할 수 없습니다. 사람들은 자신이 언젠가 죽을 것을 알지만 자기 삶을 열심히 살아가고 자기 못의 고통을 견뎌 냅니다. 한 번뿐인 삶을 후회 없이 살겠다고 다짐하고 죽음을 준비하기도 합니다. 그렇다 해도 죽음의 과정은 여전히 두렵고 슬픕니다. 그러나 그리스도인에게는 죽음이 끝이 아닙니다. 이 땅에서의 삶은 영원한 하나님 나라에서의 삶으로 이어지는 과정입니다. 그래서 우리는 소망을 품을 수 있습니다. 예수님은 길이요 진리요 생명이십니다.

의자에 구부정하게 앉아서 키보드를 톡톡 두드리다 보니 제 허리도 쿡쿡 쑤십니다. 누워 있으면 허리가 아프지 않고 참 편안한데 말이죠. 마냥 퍼져 있고 싶은 마음을 겨우 참으며, 살아가려면 알베르토 자코메티의 작품처럼 두 발을 땅에 딛고 허리를 곧게 펴야 한다고 다독거려 봅니다. 그러고 보니 저는 중학생 때도 운동을 정말 싫어했고 앉을 때도 늘 구부정한 자세로 앉아 있었어요. 요통은 너무나 당연한 결말이었습니다. 혹시…… 자코메티도 저처럼 허리가 아파서 괴로웠던 게 아닐까요?

저희 남편이 들으면 이제 자유 연상은 그만하고 운동 좀 하라고 할 것 같네요. 저도 운동이 제 요통의 해결책이라는 것은 아는데 저에겐 다이어트만큼이나 어렵습니다. 허리 아프다고 평소에 복대를 하고 다니시는 어르신들의 마음이 이해가 갑니다. 생각난 김에 자리에서 일어나 눈 가리고 아웅 하듯 꼼수 같은 체조를 합니다. 트레이닝 기구는 없지만 한쪽 다리를 뒤로 쭉 뻗어 들어올리는 '서서 다리로 뒤 밀기'를 흉내 내어 봅니다. 이것은 허리의 수호천사 근육 중 하나인 대둔근을 강화시켜 준다고 하네요. 내년부터는 진짜 운동을 해야겠어요.

    (나중에 알게 된 건데 직립 보행을 하지 않는 개도 허리 디스크 탈출로 치료를 받는 경우가 많다더군요. 직립 보행을 탓할 게 아니었습니다.)

함께한 책
★ 베드로전서.
★ 에베소서.
★ 요한복음.
★ 정선근, 『백년운동』, 언탱글링, 2019.
★ 정선근, 『백년허리 2』, 언탱글링, 2021.

나답게
　　　산다는 것

쑥갓의 꽃

벌써 3년 전 일이네요. 아버지께서 어디선가 받았다며 쑥갓 씨앗을 주셔서 햇빛이 잘 드는 베란다 화분에 심어 놓았습니다. 그런데 무엇이 부족했는지 잘 자라지 않고 시들시들해졌습니다. 역시 밭에서 커야 하나 보다 생각하고 쑥갓을 '쑥~' 뽑았다가 그중 하나가 어쩐지 뒤늦게 꽃이 필 것 같은 예감이 들어 원래 있던 자리에 도로 심어 놓았습니다. 꽃이 필지도 모른다는 기내에 매일 들여다보고 관심을 주었습니다. 줄기 끝에 있는 거뭇거뭇한 점이 조금씩 커지고 동글동글해지더니 꽃봉오리가 되었습니다. 약 3주가 지나자 정말로 꽃이 피었어요. 독특하게도 꽃잎의 끝부분은 하얗고 중심부는 노란색이었습니다. 작지만 반듯하게 생긴 꽃잎 열 개가 하늘을 향해 있는 모습이 마치 쑥갓이 왕관을 쓴 것처럼 당당해 보였습니다.

"우아, 네가 바로 쑥갓의 꽃이구나. 예쁘다!"

쑥갓꽃은 엄지손톱만큼이나 작고 귀엽습니다. 화관처럼 엄지공주의 머리에 씌워 주면 잘 어울릴 것 같은 꽃입니다. 저에게 희망과 기다림 끝에 오는 기쁨을 알게 해 준 기특한 꽃입니다. 꽃집에서 파는 꽃을 돈 주고 살 때보다 훨씬 더 기분이 좋았습니다. 야생의 싱그러운 꽃보다 더 애틋하고 소중했습니다. 꽃잎이 화려하거나 크진 않지만 다른 어떤 꽃보다도 생명력이 강한 꽃 같았습니다. 기다려 주어서 고맙다며 저를 위해 꽃을 피운 것 같다는 착각도 들었습니다. 단아하고 인내심이 강한 쑥갓의 꽃. 쑥갓으로 태어나 자기 꽃을 피우는 일이 당연한 것 같지만 그렇게 쉽지만은 않다는 것이 어쩌면 우리 삶과 비슷하게 느껴졌습니다.

사람들은 흔히 먹을 수 있는 열매를 맺는 나무를 더 가치 있게 여깁니다. 아마 실제로도 값이 더 나갈 것입니다. 성경을 보면 예수님도 열매 맺지 못하는 무화과나무를 나무라기도 하셨지요. 하지만 오늘 피었다가 내일이면 아궁이에 던져질 들꽃도 하나님께서 이렇게 입히신다는 말씀도 있습니다. 들꽃은 사람이 보기에 열매 맺는 나무보다 쓸모가 없어 보여도 풍경을 더 다채롭고 아름답게 만들어 줍니다. 아름다움을 느낄 때 우리 마음은 기쁘고 즐거워집니다. 들꽃은 곱게 피어나기 위해 뜨거운 햇빛도 세찬 빗방울도 견뎌 냈을 겁니다.

세상에 시시하고 만만한 일은 없나 봅니다. 들꽃은 들꽃답게, 쑥갓꽃은 쑥갓꽃답게 저마다 자기의 꽃을 피우는 일이 치열하면서도 숭고한 일이라는 걸 깨닫게 됩니다. 무화과나무를 만드시고 들꽃을 만드시는 분은 하나님이시기에 왜 들꽃은 열매를 맺으면 안 되냐고 따질 수 없습니다. 자신의 때에 맞추어 자신의 꽃을 가장 아름답게 피워 내기도 쉽지 않은 일인데, 서로 비교하며 원망하는 데 삶의 에너지를 낭비할 수는 없습니다.

그런데 대체 자기답다는 게 무엇일까요? 10대, 20대이던 학생 시절에는 저도 '나답게 살라'는 말이 대체 어떻게 살라는 건지 이해가 되지 않았습니다. 나답다는 것이 무엇인지 알려면 내가 어떤 사람인지 알아야 하는데, 나란 사람을 어떻게 설명할 수 있을지 머릿속에서 좀처럼 정리가 되지 않았습니다. 내가 과연 어떤 꽃을 피울 수 있을까? 불안해하고 답답해하곤 했습니다. 내가 어떤 사람인지 잘 모른 채 정신없이 밀려드는 시험을 치르다 보면 과연 이것이 나답게 잘 살고 있는 것인지 자신이 없었습니다.

　학교를 졸업하고 여러 해의 봄, 여름, 가을, 겨울을 맞이하고 떠나보내며 어느덧 마흔 살이 되었습니다. 그러고 보니 언제부터인가 진짜 내 모습이 무엇일까 하는 고민을 하지 않게 되었습니다. 그 사이 사회생활을 하면서 많은 사람들을 만나고 여러 가지 경험을 하고 배우며 세월만 쌓인 것이 아니라 '나'에 대한 경험도 쌓인 것이겠지요. 그림을 그리다 보면 꼭 계획대로 그림이 완성되는 건 아니더군요. 밑그림만으로는 그 작품이 어떻게 완성될지 알 수 없습니다. 자화상을 그리듯 우리도 이런저런 시도와 경험을 통해 자신의 그림을 완성해 나갈 것입니다. 붓질이 서서히 쌓여 가면서 어떤 선이나 색은 나와 잘 어울리지 않는다는 것을 깨닫게 되고 결국 자기만의 취향과 스타일을 찾아 자신만의 그림을 그려 나가게 됩니다.
　'나답다'는 것은 시간이 무르익어야 온전히 드러나는 쑥갓의 꽃봉오리 같다는 생각이 듭니다. "우리가 선을 행하되 낙심하지 말지니 포기하지 아니하면 때가 이르매 거두리라"는 말씀처럼, 주어진 오늘을 성실하게 살아 내다 보면 언젠가 '때가 이르매 피우리라'고 말하고 싶습니다. 혹시 예전의 저처럼 '나다운 것이 무엇일까?'를 알 수 없어 답답하다면, 나의 꽃봉오리가 때가 이르길 기다리고 있다고 생각해 보세요. 물론 그 '때'는 내가 목표하고 기대한 때와 조금 다를 수도 있으니 너무 조급해하지 말고 담담하게 기다려야겠습니다. 하루하루 희망을 잃지 않고 오늘 할 수 있는 작은 일을 해 나가다 보면, 언젠가 시간이 지났을 때 나도 모르는 사이 꽃봉오리가 점점 또렷해질 것입니다. '이것도 나의 모습이구나. 내가 이런 사람이구나' 하며 저절로 깨닫게 되는 순간들이 있습니다. 꽃마다 피는 시기가 다르듯 기다림의 시간은 사람마다 다르겠지요. 낙심하거나 포기하지 않으면 평생에 걸쳐 아름다운 꽃을 피울 수 있습니다.

저는 integrity라는 영어 단어를 좋아합니다. 에릭 에릭슨은 생애 주기를 여덟 개로 구분하고 인생 전반에 걸쳐 발달이 이루어진다고 주장했습니다. 그는 각 단계별로 중요한 역동적 양극성이 존재한다고 보았는데, 노년기의 양극성이 바로 통합감integrity과 절망감despair입니다. 노년기 성인은 죽음이 다가온다는 것을 인정하면서 자신이 어떤 사람이고 어떻게 살았는지 인생을 되돌아보게 됩니다. 만약 계속해서 실수를 반복하고 발달을 이루어 갈 수 있는 기회를 놓쳤다면 절망감을 느낄 수 있습니다. 반면 통합감은 자신이 인생을 충실히 살았고 삶이 충분히 의미 있었다고 느끼는 만족감입니다.

  integrity는 개인의 '성실'과 '정직'을 뜻하기도 하고 기업 윤리 측면에서 사용하는 경우 '완전무결함', '온전함'을 의미한다고 합니다. 인생의 어느 시점이든 주어진 시간이 많이 남지 않았다고 느낄 때 우리는 자신의 삶을 과거에서부터 현재까지 연결하여 하나의 이야기로 통합하려는 시도를 합니다. 겉과 속이 다른 모습이 아니라 타고난 나의 모습으로, 온전한 자신으로 살면서 이 세상을 더 나은 곳으로 만드는 데 조금이라도 기여했다면 꽤 괜찮은 삶이었다고 말할 수 있을 것입니다.

  나는 어떤 사람일까 고민하던 꽃다운 나이는 이제 지났지만 여전히 보고 듣고 느낄 게 너무나 많습니다. 가정이라는 정원에서 아기 꽃이 자라나는 모습을 즐겁게 바라보며 저 또한 계속해서 배우고 성장하면 좋겠습니다. 성실하고 진실하게 살면서 마지막 날 절망의 꽃 대신 통합의 꽃을 피우기를 소망합니다.

함께한 책

★ 갈라디아서.
★ 캐빈 A. 콜라루소, 『정신분석적 발달이론』, 학지사, 2011.

허무의 세계에서
의미의 세계로

다시 월요일

"아…… 또 벌써 월요일이에요?"
자면서 많이 뒹굴거렸음을 알려 주는 부스스한 머리카락에, 신생아 때처럼 눈을 뜨는 둥 마는 둥 하고 휘청휘청 걸어 나오며 아이가 말합니다. 아직 초등학생인 이 어린이에게 무슨 말을 해 줘야 하나 잠깐 망설였으나 30분쯤 전에 저도 표현만 안 했을 뿐이지 같은 생각을 했다는 사실이 떠올랐습니다. 대답 대신 그냥 피식 웃고 말았습니다.

여유로운 일요일은 왜 그리 빨리 사라지는지. 벌써 월요일이냐고 하소연하기를 살아오면서 아마 수백 번은 했을 것 같네요. 마음의 준비가 안 되어 있는 저를 앞질러간 시간을 향해 "반칙이야!"라고 외치고 싶은 심정입니다. 시시포스 신화처럼 아이나 어른이나 각자 월요일이라는 돌덩이를 평생 밀어 올리는 것 같은 상상에 어쩐지 마음이 짠해졌습니다.

　　호기심이 생겨 알베르 카뮈의 『시시포스 신화』라는 책을 사 보았습니다. 당최 이해할 수 없는 암호 수준의 글에 첫 장을 넘기자마자 좌절감을 맛보았어요. 정작 궁금했던 시시포스 이야기는 한참 뒷부분에 가서야 나옵니다. 알베르 카뮈의 철학 세계는 저와 아주 멀리 떨어져 있는 별처럼 아득하게 느껴졌습니다. '나는 이과생이잖아?' 일단 재빨리 저의 무지를 합리화시키며 보호막을 만들었습니다. 이해가 가지 않는 철학 서적을 그래도 읽어 보겠다고 무거운 돌을 밀어 올리는 마음으로 한 장 한 장 힘겹게 넘겨 보았습니다. 사실 중간중간 조금씩 건너뛰기도 했지만요.

　　읽다 보니 '부조리'라는 단어가 자주 나옵니다. 부조리는 터무니없고 이치에 맞지 않으며 모순적인 것을 뜻합니다. 합리성을 추구하는 인간과 무의미하고 불합리한 세계 사이의 대립 상태입니다. 카뮈는 인간의 이성으로 세계를 인식할 수 있다는 믿음이 무너진 상태를 '부조리'라고 이름 붙였습니다. 그는 불완전한 자신의 삶을 이해할 수 없다고 해서 포기해서는 안 된다고 주장합니다. 그는 "참으로 진지한 철학적 문제"인 자살에 대해 "자살은 일종의 몰이해"라고 표현하며 "자살을 거부"합니다. 부조리에도 불구하고 시시포스처럼 스스로의 운명을 의식하고 저항하면서 살아가야 한다고요. 알베르 카뮈는 신화 속 시시포스를 자신과 동일시한 것 같습니다.

카뮈는 20대의 젊은 나이에 이 책을 썼다는데, 마흔 살인 저의 머리로 문장이 이해가 안 되는 이 답답함이란! 그의 글을 읽으며 저는 애석하게도 그와 저의 간극, 부조리(!)를 느낍니다. 그래도 한 가지 통하는 점은 있었습니다. 제가 반복되는 월요일이 주는 지루함과 무거움에서 시시포스의 돌덩이를 떠올렸듯이 카뮈도 시시포스 신화에서 인간의 삶에 대한 영감을 얻었나 봅니다. 그는 시시포스처럼 자신의 부조리한 삶을 의식하면서도 신의 구원에 기대지 말고 끝까지 자기 삶의 주인이 되는 투쟁을 해야 한다고 말합니다. 알베르 카뮈는 신을 믿지 않는 대신 자신의 지성을 믿는 사람 같았습니다. 저와 다른 시대를 살았을뿐더러 다른 세계관을 갖고 있었기에 글이 더 어렵게 느껴졌는지도 모르겠습니다.

시시포스처럼 우리도 각자 삶의 무게를 안고 반복되는 일상을 살고 있습니다. 누구의 돌이 더 무거운지는 비교할 수 없으나 자신에게 무겁게 느껴진다면 돌이고 짐입니다. 그러나 시시포스와 다르게 우리는 산에 혼자 있는 것이 아닙니다. 시시포스는 고독하게 홀로 밑 빠진 독에 물 붓는 식의 고생을 하고 있기 때문에 그것을 '형벌'이라고 부릅니다. 누구나 어떤 이유로든지 고통스러운 순간에는 삶이 무가치하고 희망이 없다고 느낄 수도 있습니다. 그러나 만약 그의 짐을 함께 지고 가는 친구가 옆에 있다면, 그가 누군가의 진실한 위로와 격려를 받고 있다면, 하나님께서 우리와 함께 하신다는 것을 느낀다면, 무거운 짐을 대신 지시고 쉼을 주시는 예수님의 은혜를 깨닫는다면 비록 지금 희망이 보이지 않아도 자신의 소중함을 잊지 않을 것입니다. 돌덩이를 밀고 또 밀어 올리는 시시포스 같은 삶에서 필요한 것은 서로 사랑하고 사랑받는 경험인지도 모릅니다.

자기 삶의 의미는 누가 강요할 수 없고 대신 정해 줄 수도 없습니다. 세상에 하나뿐인 '나'의 삶은 그 누구와도 같지 않으니 스스로 그 답을 찾아야 합니다. "나는 누구인가?" "나는 무엇을 해야 하는가?" "나는 무엇을 믿고, 무엇에 대해 희망을 가져야 하는가?" 철학자 리히텐베르

크는 "철학의 모든 것은 이 세 가지 질문"이라고 말했다고 합니다. 우리는 이 질문에 대한 답을 깊이 생각하며 먼저 고민했던 사람들의 도움을 받기도 하고 하나님의 말씀을 통해 배우기도 합니다.

살아갈 이유와 소망을 찾는 것은 각자 살면서 깨달아야 할 과정이지만, 소외되고 고립된 상태에서 삶의 의미를 찾기는 참 어렵습니다. 그러니 서로에게 친구가 되어 주는 것이 어떨까요? '허무'라는 세계에서 '의미'라는 세계로 넘어가려면 '관계'라는 다리가 필요합니다. 인격과 인격이 만나는 사랑의 관계는 우리가 삶의 의미를 찾는 여정을 끝까지 마칠 수 있도록 힘을 북돋아 줍니다. 가족, 친구, 이웃 그리고 참 부모이자 목자이신 하나님과의 친밀한 관계가 허무와 권태로부터 우리를 안전하게 지켜 주는 끈이 되어 줄 것이라 믿습니다.

다시 월요일. 아이에게 학교에 가면 친구들과 선생님이 있으니까 즐겁게 공부하고 오라고 말해 주며 꼭 안아 줘야겠습니다. 저는 집에서 아이가 오길 기다리며 '오늘 저녁엔 또 뭐 먹지?'라는 돌을 굴리겠지요. 이 돌은 그리 무겁지 않은 작은 돌멩이 수준이지만 정말 끝이 없네요!

함께한 책
★ 알베르 카뮈, 『시시포스 신화』, 연암서가, 2014.
★ 레프 톨스토이, 『지금, 여기, 당신』, 원앤원스타일, 2015.

우리를 넘어뜨리는
사소한 것들

아이러니

2021년 6월, 놀라운 뉴스를 들었습니다. 미국에서 한 어부가 바닷가재를 잡으러 바다에 나갔다가 커다란 혹등고래 입 속으로 빨려 들어갔다는데요, 고래는 평소 자기가 먹던 먹이가 아니어서인지 조금 후에 그를 뱉어 냈다고 합니다. 혹등고래는 몸길이가 12-16미터이고 무게가 30-40톤 정도 나가는 엄청나게 커다란 생물입니다. 성격이 온순하여 인간을 해치지 않고 오히려 위험에서 지켜 주는 경우도 있다고 합니다. 이 소식을 듣고 저는 곧바로 성경 속 인물 요나가 떠올랐습니다.

　　요나는 니느웨 사람들을 좋아하지 않았습니다. 니느웨는 이스라엘을 괴롭히던 앗수르의 수도였거든요. 니느웨 사람들이 혹시라도 자기 죄를 회개하면 자비로운 하나님은 뜻을 돌이켜 재앙을 내리지 않을 텐데 요나는 이를 원치 않았습니다. 때문에 요나는 "니느웨로 가서 외치라"는 하나님의 명령을 어기고 다시스로 가는 배를 탔다가 바다에 던져지게 됩니다. 하나님이 예비하신 큰 물고기의 뱃속에서 삼 일을 머물다 나온 뒤에야 어쩔 수 없이 니느웨로 가서 하나님의 뜻을 선포합니다.

　　하지만 요나는 여전히 니느웨 사람들이 용서받는 것이 못마땅한가 봅니다. 니느웨가 앞으로 어떻게 되는지 지켜보려고 성 밖에 초막을 짓고 구경을 합니다. 그러다가 하나님이 초막에 그늘을 만들어 준 박넝쿨을 거두어 가시자 요나는 뜨거운 동풍과 햇빛 때문에 차라리 죽는 게 낫다며 하나님을 원망합니다. 고래로 추정되는 큰 물고기의 이미지와 가느다란 줄기의 박넝쿨이 참 대조적입니다. 하마터면 죽을 뻔했다가 하나님의 은혜로 살아난 요나가 사소한 박넝쿨로 인해 성을 내며 불평하는 것이 저의 모습 같아 우습기도 하고 찔리기도 합니다.

어느 여름밤 모기 한 마리 때문에 온 가족이 열두 시 넘어서까지 잠을 못 잤습니다. 땀이 많은 아이가 표적이 되었는지 네 군데나 물려서 가렵다고 난리였지요. 잠들 만하면 귓가에 맴도는 모기 소리에 저절로 신경이 곤두섰습니다. 그렇지만 모기에 물리는 것보다 일어나는 게 좀 더 귀찮고 싫어서 끝까지 누워 있었어요. 결국 남편이 일어나 불을 켜고 모기를 잡아서 칭찬과 박수 세례를 받았지요. 모기 입장에서 사람은 고래보다도 더 클 텐데 매년 여름만 되면 또 속절없이 모기에게 물림을 당합니다. 밤에 자려고 누워 있을 때 나의 소중한 피를 빨아 먹으러 찾아온 모기는 특히 너무도 성가시고 얄밉습니다.

박넝쿨 그늘이 사라졌다고 불평하는 요나처럼 여름이 되면 왜 모기를 만드셨냐는 원망이 저절로 나옵니다. 그런데 모기가 저에겐 그저 앵앵거리며 피부를 가렵게 만드는 여름의 불청객이지만 모기도 나름대로 생태계에서 자기 역할을 하고 있다고 합니다. 예를 들면, 의외로 (!) 꽃가루받이를 돕는 역할을 하기도 하고 모기의 유충인 장구벌레가 상위 동물의 영양원이 된다고 합니다. 하지만 세계보건기구는 모기를 인간에게 가장 치명적인 생물 중 하나라고 발표했지요. 모기가 말라리아, 지카, 황열, 뎅기열, 일본뇌염 등의 질환을 일으키는 바이러스를 옮기기 때문입니다. 아, 역시 이렇게 악명 높은 모기를 차마 사랑스럽게 보지는 못하겠네요.

앞으로 모기는 지구 온난화 때문에 개체 수가 더 늘어날 것 같다고 합니다. 바다의 친구 고래는 90여 종 중 약 20여 종이나 생존에 위협을 받고 있는데 말이지요. 결과적으로 인간 때문에 지구의 환경과 생태계가 파괴된 것은 생각하지 못하고 당장 방 안에 있는 조그마한 모기 한 마리 때문에 제가 이렇게 불평을 해서는 안 되겠지요? 친근한 고래를 만드신 것은 아무렇지 않아 하면서 성가신 모기는 왜 지으셨냐고 하나님께 불만을 갖는 것은 인간 중심적인 교만한 생각일 것입니다.

매일의 일상에서 우리를 괴롭히는 것은 아주 작은 것인지 모릅니다. 우주 여행을 앞두고 있는 인류는 모기보다도 훨씬 더 작은 코로나19 바이러스 때문에 한동안 가까운 곳도 마음껏 돌아다니지 못했습니다. 거대한 우주선을 무한한 우주로 띄워 보내는 첨단 과학 기술의 시대이지만 눈에 보이지 않는 바이러스가 우리 몸에 들어와 심각한 병을 일으키는 것을 막지 못합니다. 정말 아이러니합니다. 때로는 말 한 마디를 소홀히 했다가 상대에게 평생 마음의 응어리를 안겨 주기도 합니다. 가장 가까운 나의 가족이, 절친한 친구가 나에게 툭 던진 사소한 말도 우리를 괴롭히는 것 중 하나입니다. 그뿐인가요? 무심코 저지른 작은 실수가 불씨가 되어 큰 사고로 이어지기도 합니다. 우리를 자주, 쉽게 넘어뜨리는 것은 이렇게 사소한 것일 수 있습니다.

우리는 이렇게 연약합니다. 그런데 이 지점에서 하나님께 왜 우리를 연약하고 어리석게 만드셨냐고 불평한다면 아마 요나처럼 크게 혼날 것 같아요. 온 세상보다 크신 하나님이 인간을 사랑하셔서 당신의 형상대로 창조하셨습니다. 죄 때문에 죽을 수밖에 없는 우리의 영혼을 구원하기 위해 하나님의 본체이신 예수님이 친히 인간의 몸을 입고 이 땅에 오셨습니다. 하나님의 아들이신 예수님은 십자가에서 피와 물을 쏟고 돌아가셨으나 다시 부활하셨습니다. 우리가 아직 연약할 때, 죄인일 때에요. 죄의 삯은 사망이나 예수님의 보혈로 우리가 죄를 용서받고 새 생명을 얻을 수 있다니 얼마나 감사한지요.

사형 도구인 십자가가 구원의 상징이 된 것은 참으로 신비롭고 은혜로운 아이러니입니다.

함께한 책과 자료

★ 요나서
★ 세계보건기구(WHO) 페이스북 　★ 그린피스 홈페이지

예술적 창조성의 기원을 찾아서

취미는 전시회 감상

중고등학생 시절 저는 생활기록부에 매년 취미를 적어 내는 것이 수학 문제를 푸는 것보다 훨씬 더 어렵게 느껴졌어요. 한참 동안 아무리 고민을 해 보아도 딱히 떠오르는 게 없어 무난하게(?) 독서나 영화 감상을 썼던 것 같습니다. 하지만 영화는 보면 재미있긴 하지만 어쩌다 한 번씩 보는데 취미라고 할 수 있을까 싶었고, 독서는 사실 그다지 좋아하지 않아서 두 가지 모두 쓰면시 찜찜하긴 마찬

가지였어요.

취미란 '여가 시간에 즐거움을 맛보기 위해 자주 하는 흥미로운 일'을 말합니다. 그러니 취미 활동을 하려면 여가 시간의 확보가 중요합니다. 학창 시절에는 취미 활동의 중요성을 잘 몰랐는데 자기 몫의 일을 하고 돈을 버는 어른이 되고 나서야 비로소 취미가 주는 즐거움을 알게 되었습니다. 취미는 돈을 벌기 위해 의무적으로 하지 않기 때문에 돈이나 성과와 상관없이 하고 싶을 때 하고 그만두고 싶을 때 그만둘 수 있습니다. 취미의 세계에서는 맞고 틀리고 하는 것이 없고 우월하거나 열등한 것도 없습니다. 자신이 좋아하고 마음이 끌리는 것을 따라가 보고 탐색해 봅니다. 그 과정에서 즐거움을 누리고 자기 세계를 넓혀 갑니다. 취미를 통해 새로운 지식도 얻고, 자기 자신에 대해 더 알게 되며, 같은 취미를 가진 다른 사람들도 만나면서 자기 세계가 확장됩니다.

한 가지 분야를 몇 년씩 깊이 있게 꾸준히 파고들어 전문가 이상의 식견을 갖춘 사람을 흔히 '덕후'라고 부릅니다. 저는 덕후와 반대 스타일로 얕은 취미 생활을 가볍게 즐기는 편입니다. 저도 한 번쯤은 덕후가 되어 보고 싶은데 다른 새로운 활동에 금방 호기심이 생기기 때문에 끈기 있게 한 가지 취미 생활을 하기 어렵더군요. 그나마 오랫동안 좋아했고 지금도 즐겨하는 활동은 미술 전시회를 보러 가는 것입니다.

2018년 봄이었어요. 벗이미술관과 벨기에의 기슬랭 박물관의 기획전 'the ORIGIN: 정신의학의 역사와 아르 브뤼'는 제목부터 저의 흥미를 끄는 전시였습니다. 갤러리 입구의 계단을 올라가자 바로 정신의학의 역사와 기슬랭 박물관의 소장품 전시가 시작되었습니다. 다른 방에는 정신 병동 또는 요양소에 머물렀던 작가들의 작품이 누군가의 관심을 받고자 기다리고 있었습니다. 미술 작품 중 어떤 작품은 독특하면서 아름다웠고, 또 어떤 작품은 아무런 설명도 없지만 복잡한 이미지만으로도 작가의 혼돈과 정신적 고통이 고스란히 전해져 오는 것 같았습니다.

'아르 브뤼'art brut란 프랑스 화가 장 뒤뷔페가 전통적 문화 바깥에서 창작된 예술을 지칭한 것으로, 정식 미술 교육을 받지 않은 사람들의 작품을 말합니다. 이 전시회에 참여한 작가들도 정식으로 미술 교육을 받지 않았고 전시를 관람한 저 또한 미술품 분석 교육을 받지 않았습니다. 그래서인지 그림을 더 편안한 마음으로 대할 수 있었습니다. 마치 서로의 모국어를 모르는 외국인들끼리 보디랭귀지로 소통하듯 무언의 대화를 나누는 것 같았습니다.

이 작가들에게 미술은 자신을 표현하는 하나의 방

식이었을 것입니다. 그들의 마음에 고통스럽고 혼란스러운 생각, 무의식의 심상이 차고 넘쳐서 어떻게든 표현하지 않을 수 없었는지도 모릅니다. 언어로도, 몸짓으로도 제대로 표현할 수 없는 마음을 그림으로 나타내고 싶었던 것 같습니다. 그런데 이 전시회의 작가들이 작품을 창작하는 것을 '좋아하는 취미 활동'이라고 할 수 있을까요? 아니면 '생존을 위한 일'이라고 할 수 있을까요? 일과 취미의 경계에 있는 걸까요? 일이기도 하고 동시에 취미이기도 할까요? 그들이 자신의 작업을 어떻게 생각했는지 알 수 없지만 아마 자신을 확장하는 긍정적인 경험이었을 것 같습니다. 작품을 통해 자신의 독특함을 용감하게 표현하고 타인에게 자신을 솔직하게 개방했으니까요.

저에게 있어 미술 작품을 본다는 것은 새로운 작품과 인사를 나누는 것입니다. 미술사적 의의나 가치가 있다거나 대중의 인기를 끌 만한 작품을 알아보는 안목은 없습니다. 그저 어떤 작품엔 마음속으로 '좋아요'를 누르기도 하고, 어떤 작품은 그냥 눈인사만 하고 지나치기도 하면서 제 취향에 맞는 작품을 시각적으로 즐기는 수준이에요. 전시회에서는 마음에 들지 않는 작품에 '구독'과 '좋아요'를 누르지 않는다고 해서 작가에게 상처를 주지 않으니 참 다행입니다. 전시회 감상은 적당한 거리를 두고 조용히 관찰하고 탐색한다는 면에서 저의 성향과 잘 어울리는 취미 활동입니다. 아마 그래서 오래 유지하나 봅니다.

　　　그동안 얼마나 많은 전시회를 관람했는지 기억나지 않지만 그날의 전시회는 제가 보았던 전시회 중 가장 인상 깊었습니다. 'the ORIGIN'이라는 전시회 이름은 아마도 정신의학 역사의 '시작'과 아르 브뤼의 '기원'을 의미하는 것 같습니다. 정신의학이 비교적 제대로 된 치료를 하게 되기까지 수많은 환자들의 고통과 희생이 있었다는 사실에 마음이 아팠습니다. 또한 예술에 있어서 정상과 비정상의 경계를 구별 짓는 것은 중요하지 않으며, 예술은 누구에게나 열려 있고 누구나 다가갈 수 있는 공평한 선물이라는 생각이 들었습니다.

　　　정신 요양 시설에 머물렀던 작가들의 작품을 보면서 질병은 우리 자체가 아니라 우리가 가진 것 중 일부이며, 질병이 있다고 해서 우리 자신의 고유한 개성과 창조성이 사라지는 것이 아님을 생각하게 되었습니다. 질병이란 인간에게 비본질적인 것이며 예술 활동이야말로 인간의 본질적인 특성 중 하나입니다. 예술적 창조성은 하나님이 자신의 형상을 따라 우리 모두에게 심어 주신 것이니 예술의 진정한 기원the ORIGIN은 하나님으로부터 시작되었다고 해야 할까요.

　　　좋은 전시회를 보면 저의 좁은 세계가 확장되는 소

중한 경험을 하게 됩니다. 마흔이 다 되어서야 취미는 '미술 전시 감상'이라고 떳떳하게 쓸 수 있게 되었는데 이제 취미란을 적어 낼 일이 없네요. 물론 생활기록부를 작성할 필요도 없고 수학 문제도 안 풀어도 되는 마흔 살이 훨씬 더 좋습니다.

함께한 전시

★ 벗이미술관 the ORIGIN 전시 소개 　the ORIGIN 전시 도록

속사람은

　　날마다 새롭게 태어나고

노른자, 그리고 흑자

계란은 맛도 좋고 영양가도 높은 사랑스러운 음식입니다. 삶은 계란에 소금을 살짝 찍어 먹으면 부드럽고 고소합니다. 구운 계란은 소금 없이 먹어도 간이 적당하고 무엇보다 껍질이 속 시원하게 잘 벗겨지는 장점이 있지요. 부드러운 뚝배기 계란찜이나 수란도 맛있고 밥반찬으로 자주 먹는 노란 계란말이는 식탁을 더 푸짐하고 생기 있게 만들어 줍니다. 개인적으로 계란 요리 중 가장 사랑스리운

형태는 흰자의 테두리가 약간 바삭하게 튀겨지고 노른자가 반쯤 익어서 먹기 직전 꿀처럼 흘러내리는 반숙 계란 프라이라고 생각합니다. 그리고 무엇보다 가장 맛있는 계란 프라이는 제가 직접 수고로이 요리한 게 아닌 누군가 요리해 준 계란 프라이지요.

제가 지금까지 먹은 수많은 계란을 생각하면 닭에게 참 미안하고 고맙습니다. 자기 알이 병아리가 되는 걸 보지도 못하고 그저 알을 낳아 주니까요. 무정란이든 유정란이든 낳는 족족 사람들이 가져가 버립니다. 유정란은 노른자에 수탉의 정자가 들어간 수정란 상태로 병아리가 탄생할 가능성이 있는 알입니다. 반면 무정란은 수정이 되지 않아 병아리가 될 수 없지만 영양학적으로는 유정란과 별 차이가 없다고 합니다. 똑같이 윤기가 나고 탱글탱글 맛있어 보이는 노른자인데, 하나는 생명의 씨앗이 있고 다른 하나는 생명력이 없습니다. 요리하는 사람이 그것을 삶았는지 구웠는지, 물에 풀어 끓였는지, 기름에 지지고 튀겼는지에 따라 다른 이름으로 불리지만 계란의 본질은 병아리가 될 가능성입니다. 당장 겉만 봐서는 알 수 없지만 어떤 노른자에는 새로운 생명이 숨어 있습니다.

우리는 겉으로 보이는 모습에 관심이 많습니다. 역할에 따라 다른 이름으로 불리고 또 그에 따라 다르게 행동하므로 서로의 참모습을 알아보지 못하기도 합니다. 사람은 겉으로 드러난 모습을 보지만 하나님은 우리의 중심을 보신다고 하셨지요. 우리의 노른자가 생명을 품었는지 말입니다. 딱딱한 껍데기에 갇힌 노른자 속 생명은 하나님이 정해 주신 때가 되면 알을 깨고 새로운 세상으로 나옵니다. 이전과 다른 모습으로 날개를 달고 말이지요. 이처럼 우리 존재의 핵심, 그 중심에 생명이신 예수님이 있고 없고가 훗날 엄청난 차이를 낳을 것입니다.

몇 달 전, 집 근처에 있는 피부과에 다녀왔습니다. 산책과 여행을 좋아하다 보니 자외선을 많이 받아 얼굴에 군데군데 기미와 흑자가 생기고 피부가 칙칙해졌거든요. 물론 귀찮다고 자외선 차단제를 생략했던 저의 게으름과 마흔이라는 생물학적 나이 탓도 있습니다. 처음으로 큰마음 먹고 흑자를 지워 준다는 색소 레이저 치료를 받았는데 피부의 못난이 흑자가 완전히 없어지지는 않았지만 그래도 색이 조금 옅어졌습니다. 고개 숙여 깊이 감사드리며 인사를 하고 나오려는데 피부과 선생님께서 이렇게 말씀하셨어요.

"다시 생기지 않도록 조심하세요."

어디선가 이런 비슷한 말을 들어본 것 같아서 기억을 더듬어 보았더니 간음하다 붙잡혀 온 여인에게 "가서 다시는 죄를 범하지 말라"고 하신 예수님 말씀이 떠올랐습니다. 예수님께 죄를 완전히 용서받은 그 여인과 달리, 불행히도 저는 "너의 흑자가 어디 있느냐?"는 질문을 받는다면 "아직 남아 있나이다"라고 답할 수밖에 없겠지요. 아무리 좋은 치료를 받더라도 나이가 들어 가는 것을 막을 수 없습니다. 하지만 예수님은 우리의 모든 죄를 용서하시고 깨끗이 없애 주십니다. 살다 보면 또 실수하고 넘어지고 죄를 지을 수도 있지만 "만일 우리가 우리 죄를 자백하면 그는 미쁘시고 의로우사 우리 죄를 사하시며 우리를 모든 불의에서 깨끗하게 하실 것"입니다. 거룩하신 하나님의 자녀답게 우리는 성령의 도우심을 받아 예수님을 점점 닮아 갈 것입니다.

만약 인생의 끝이 알껍데기가 깨지는 것과 같다면, 생명의 씨앗이 있는 알은 새 생명을 얻을 수 있지만 생명의 씨앗이 없는 알은 그렇지 못할 것입니다. 이왕이면 당연히 생명의 씨앗이 있는 유정란으로 살아야지요. 예수님을 믿지 않던 이전의 저는 무정란 같은 존재였습니다. 이제 저를 구원해 주신 예수님을 떠나는 죄를 다시는 짓지 말아야겠습니다. 겉사람은 갈수록 늙어 가지만 속사람은 날마다 죄에 대해 죽고 새롭게 태어날 수 있습니다. 아침에 거울을 볼 때마다 노화의 흔적만 확인하지 말고 내 안에 예수님의 마음이 있는지 살펴보며 새로운 하루를 시작해야겠습니다. 하나님이 주시는 사랑과 평강 속에서 감사하며 살다가 그때가 되면 우리를 위해 예비하신 새로운 차원의 세계로 들어가고 싶습니다.

　내가 세상 속에서 멋진 모습이 아니어도, 살면서 그리 대단한 일을 하지 못했어도 하나님은 나의 존재를 이미 기뻐하시고 넘치도록 사랑하십니다. 그 증거는 바로 나를 살리기 위해 자신을 버리신 예수님이지요. 예수님이 죽기까지 사랑하셨으니 누가 뭐라 해도 소중한 인생입니다. 나의 연약함과 부족함에도 불구하고 나의 나 됨을 그대로 사랑하심에 감사드립니다.

함께한 책
★ 요한일서.
★ 요한복음.

2부

성장하는 마음

건강한 마음을 유지하는 법

불멍, 물멍

요즘은 안전상의 이유로 유치원이나 학교에서 단체로 캠핑을 하기 어렵습니다. 제가 유치원을 다닐 때만 해도 1박 2일 캠프 프로그램이 있었습니다. 선생님들께서 커다란 모닥불을 피워 주시면 음악에 맞추어 친구들과 모닥불 주변을 즐겁게 돌았던 기억이 납니다. 좋아하던 남자아이 옆에서 사진도 찍고 말이죠. 타닥타닥 소리를 내며 활활 타는 모닥불을 바라보고 있노라면 공연히 초점이 흐려지고 멍해지면서 살짝 졸음이 오기도 합니다. 모닥불의 연기 냄새와 춤추듯 흔들리는 불빛, 볼을 발그레하게 만드는 열기는 우리 몸을 편안하게 이완시키는 것 같습니다. 그러면서 소위 '불멍'을 즐기게 되는 것이지요. "내일 아침엔 뭘 먹지?"와 같은 숙제나 "지난달 생활비가 얼마 나왔더라?"와 같은 걱정 따위는 잊은 채 나도 모르게 불이 주는 감각적 경험에 푹 빠져듭니다.

    어린 시절의 캠프파이어 이후로 아쉽게도 '불멍'에 대한 찐한 경험은 없지만, 3년 전 구피 물고기를 키우는 동안 '물멍'을 경험한 적이 있습니다. 제가 잠깐 성인 취미 미술 학원을 다녔을 때 수강생 중에 수중 생물을 정말 사랑하는 분이 있었는데요, 그분이 제게 '물멍'을 알려 주고 싶다며 구피를 다섯 마리 분양해 주었습니다. 다 죽고 한 마리만 남아서 '이 아이도 오래 못 살겠지' 하고 체념하고 있었는데, 마지막 구피가 갑자기 스무 마리 정도 새끼 물고기를 낳았어요. 임신 중인 암컷이었던 거죠. 어찌나 기특하던지요. 구피들이 작은 꼬리를 흔들면서 물속에서 유유하게 헤엄치는 모습을 보고 있노라면 단조로우면서도 우아한 움직임에 푹 빠져 무아지경(?)에 이르게 됩니다. 어느 순간 정신을 차려 보면 시간이 훌쩍 지나 있어요. 마치 구피의 최면에 걸린 듯한 느낌이었습니다.

미국심리학회APA에서는 최면을 '암시suggestion에 반응하는 능력이 향상되어 지엽적인 것들에 대한 의식은 감소하고 초점화된 집중력을 누리는 의식 상태'로 정의하고 있습니다. 과거에는 최면을 심리 치료에 활용하기도 했다지만, 제가 정신과 수련을 받는 동안 최면 치료에 대해서는 정식으로 배우지 않았습니다. 하지만 개인적으로 그냥 궁금해서 전공의 시절 다른 병원에서 진행하던 최면 워크샵에 참가한 적이 있어요.

최면 상태에서는 외부 환경에 대한 인식이 줄어들고 자신의 내적 경험에 대한 인식이 증진된 변화된 의식 상태를 보입니다. 자세한 내용은 잘 기억나지 않지만 최면 치료의 역사와 과정, 관련된 윤리 등을 배웠고 다른 선생님과 짝을 지어 '불안 해소를 위한 최면 치료 실습'을 했습니다. 흥미로운 강의였지만 하루 동안 교육받았다고 해서 실제 치료에 적용하기는 어려웠고 어떤 경우에는 증상이 악화될 위험성도 있어서, 앞으로 최면 치료는 전문가 선생님께 의뢰해야겠다는 생각을 했었습니다.

그런데 10년이 지났는데도 같이 실습했던 동료 선생님의 말과 표정이 아직도 기억납니다. 그분도 저와 비슷한 연령인 동성의 전공의 선생님이었는데요, 편안한 자세로 앉게 하고 눈을 감게 한 다음 평화로운 바닷가 장면을 묘사하는 최면 유도문을 천천히 읽어 드렸어요. 배운

대로 따라하며 나중에 각성을 유도하자 그분이 눈물을 글썽이시며 저에게 이렇게 말씀하셨습니다.

"선생님⋯⋯ 정말 너무 편안하게 느껴졌어요."

그것이 저의 처음이자 마지막 최면 유도 경험이었습니다. 여기서 '유도'induction한다는 용어를 사용하니 마치 치료자의 능력으로 최면 상태를 유발하는 것처럼 오해할 수 있습니다만, 치료자는 환자 자신의 최면 감수성을 통해 최면 상태를 경험할 수 있는 기회를 제공하는 것뿐입니다. 저의 실습 짝이었던 선생님의 최면 감수성이 높았던 것이지요.

최면 감수성이란 최면 유도를 통해 최면 상태에 들어갈 수 있는 능력을 말합니다. 스피겔이라는 학자는 최면 감수성의 중요한 요인들로, 몰두할 수 있는 능력 absorption과 해리되는 능력dissociation, 그리고 암시에 반응하는 능력suggestibility을 꼽았다고 합니다. 최면을 실제로 경험해 보지 않더라도 간접적으로 최면 감수성을 확인해 보고 싶다면 자연 최면 경험 설문지나 안구-회전 신호 eye-roll sign, 텔레겐 몰입 척도 등을 이용할 수 있습니다. 최면 감수성이 높다는 것은 단지 최면 치료에 잘 반응할 수 있다는 뜻이지 그 외 다른 능력과 상관이 있다는 이야기는 아닙니다.

아주 오래선 일이시만 그 실습 순간이 잊히지 않는

것은 동료 선생님이 마음의 어떤 정화 작용을 저에게 눈물과 미소로 솔직하게 표현해 주셨기 때문입니다. 말은 꾸며 낼 수 있습니다. 속마음과 달리 인사치레 칭찬의 말을 할 수도 있고 빈말을 할 수도 있습니다. 그러나 어떤 감정에 동반된 실제 신체적 반응은 나도 모르게 나와서 숨기기 힘듭니다. 적어도 말보다는 꾸며 내기 어렵습니다. 눈물과 미소는 교감의 순간 나타나는 무지개 같습니다. 그래서 최면 치료의 이론적 내용은 잘 기억하지 못해도 함께 나누었던 마음의 진실한 순간만큼은 아름다운 기억으로 남았나 봅니다. 정신과 치료나 심리 상담도 누군가에게 단짠단짠한 미소와 눈물의 시간으로 오래도록 기억되면 좋겠습니다.

제가 옛날 생각에 잠겨 또 시간 가는 줄 몰랐네요. 다시 '불멍'으로 돌아올게요. 텔레겐 몰입 척도는 일상 활동에서 접할 수 있는 몰입의 경험으로 구성된 34개 문항의 설문지입니다. 그중 15번 문항이 '불멍'과 조금 관련이 있어 보여요. "타는 장작의 불꽃과 소리는 나의 상상을 자극한다." 쉽게 몰입하는 성향이 있는 분들은 최면 감수성이 높게 나올 것 같습니다. 생각이 많아서 지칠 때, 아무 생각하고 싶지 않을 때, 뇌를 쉬게 하고 싶을 때 시각, 촉각, 청각 등 편안하고 반복적인 감각 자극에 몰입하는 경험은 긴장을 완화시킬 수 있습니다. '불멍', '물멍'을 좋아하시는 분들은 스스로 이완하는 방법을 잘 알고 계신 것 같아요. 최근에는 '바람멍', '숲멍', '소리멍'이란 말도 생겼다고 합니다.

쉼 없이 결과물을 생산하고 높은 성과를 내는 삶이 효율적인 것 같아 보여도 계속 그렇게 살다 보면 결국 우리 몸과 마음을 상하게 할 수 있습니다. 직장 생활과 여가 생활이 균형을 이루는 삶(워라밸, Work-Life Balance)도 좋고 일과 삶이 조화롭게 섞이는 삶(워라블, Work-Life Blending)도 좋습니다. 긴장을 풀고 쉬는 시간이 필요합니다. 즐거우면서도 건전하고 자신의 성향에 맞는 취미 생활로 '멍'의 세계에 한번 빠져 보세요. 매일의 삶 속에서 긴장과 이완을 잘 조절해 나가는 것이 건강한 마음을 유지하는 길인 것 같습니다.

함께한 책
★ 이정식, 『최면치료, 이렇게 한다』, 학지사, 2019.
★ 박희관, 이창화, 손정현, 신수진, 김창윤, 「한국판 텔레겐 몰입 척도의 표준화에 관한 예비 연구」, 『정신병리학』, 1998년 7월호.

현재를
　　　충실하게

지금, 여기

정신과 의사 구가야 아키라는 자신의 저서에서 마음챙김 mindfulness 명상을 통해 지금 여기서 현재를 살며 최고의 휴식을 경험할 것을 권유했습니다. '지금, 여기'를 의식한다는 것은 어린아이의 마음을 되찾는 것입니다. 어린아이는 현재 눈앞에 있는 것에 온전히 주의를 기울이니까요. 저자는 어른들의 생각이 종종 현재 이외의 것으로 가곤 하기 때문에 마음의 스트레칭을 하듯 의식을 현재로 돌려야 한다고 하였습니다. 우리는 과거를 알아야 현재를 이해할 수 있고 미래를 준비해야 보다 더 나은 삶을 살 수 있습니다. 하지만 과거에 대한 과도한 집착과 미래에 대한 불안한 생각에 압도당한다면, 현재라는 선물을 잊어버린 채 살게 되겠지요.

'울트라 마라톤'이라는 초장거리 달리기 경주(일반적으로 100킬로미터 정도)가 있습니다. 저자는 여기 도전하는 선수들이 마음챙김에 능하다고 소개합니다. 거리가 너무 길어 고통스러운 경기에서 포기하지 않고 마지막까지 달리기 위해서는 지나치게 먼 곳을 보지 않고 '지금, 여기'에 초점을 맞추는 것이 중요하기 때문입니다.

mindful은 '염두에 두는, 의식하는, 주의 깊은' 등의 뜻이고 반대어인 mindless는 '무심한, 생각 없는, 부주의한' 등의 뜻입니다. 많은 연구자들이 마인드풀니스 mindfulness를 우리말로 '마음챙김'이라고 번역하여 지속적으로 사용하고 있지만 영어와 우리말이 정확히 맞아떨어지지는 않는 것 같습니다. 마인드풀니스는 주의 깊게 대하는 태도의 느낌이지만, 마음챙김은 EBS 캐릭터 펭수의 "눈치 챙겨!"에 익숙해져 그런지 살짝 긴장감이 느껴집니다. 괜히 저더러 마음을 여기저기 흘리지 말고 단속하라는 말처럼 들려서요.

최근에는 마음챙김 명상이 지나치게 상업화되었다는 비판의 소리도 있습니다. 마음챙김이 유행하기 시작한 것은 매사추세츠 대학의 존 카밧진 교수가 스트레스 감소 클리닉에서 '마음챙김에 기반한 스트레스 완화' 프로그램을 시작하면서부터입니다. 경영학 교수이자 불교 신자인 로널드 퍼서는 저서 『마음챙김의 배신』에서 현대의 마음챙김은 그 효과가 과대평가되었고 맥도날드처럼 상품화되었다고 주장했지요.

마음챙김이라는 용어를 모르던 어린아이였을 때 우리는 이미 현재를 충실히 사는 법을 알고 있었습니다. 어른이 되고 나서는 마음이 복잡할 때 약간의 거리를 두고 내 마음을 돌아본다면 더 잘 헤아릴 수 있다는 것도 알게 되었고요. 일상을 살면서 현재에 충분히 주의를 기울이는 태도mindful mode가 필요할 때마다 가볍게 스위치를 누르듯 쉽고 빠르게 전환할 수 있다면 참 좋을 텐데 말이죠.

습관적으로 부정적인 생각의 늪에 빠져 벗어날 방법을 떠올릴 수 없을 때 이런 상황을 중단시키는 자기만의 '멈춤 스위치'가 필요할 수 있습니다. 누군가에게는 마음챙김이 생각의 악순환을 끊을 수 있게 도와주는 계기가 될 수도 있겠지요. 미래에 대한 지속적인 염려와 과거의 지나친 회한에 압도될 때 일단 오늘 내가 할 수 있는 일에 집중하는 '오늘 스위치'를 켜야 합니다. 지금 이 순간에 집중하는 것은 일상을 잘 유지할 수 있게 도와줄 것입니다. 그러다 보면 지금 내게 주어진 시간을 조금 더 다정하고 충만하게 살겠다고 다짐하게 될 것입니다.

울트라 마라톤보다 훨씬 더 오래 달려야 하는 '인생 마라톤'을 완주하려면 지나치게 멀리 바라보지 않고 바로 앞 한 걸음에 충실해야 합니다. 너무 먼 곳을 바라보다 보면 할 수 있다는 자신감보다는 가야 할 긴 거리만큼 예상되는 피곤함과 무력감이 더 크게 다가옵니다. 조급해하지 않고 한 걸음씩 가다가 힘들면 좀 쉬기도 하고 지치면 느리게 걷기도 해야 합니다. 오히려 지금 여기에서 나의 상태를 살피고 나의 마음을 알아차리는 것이 알 수 없는 인생의 앞길을 지치지 않고 맞이하는 비결일 수 있습니다.

그러나 꼭 마음챙김 프로그램에 등록해야만 하는 것은 아니겠지요. 명상이 도움이 되는 사람도 있겠지만 그렇지 않을 수도 있습니다. 사람마다 마음을 유연하게 이완시키는 스트레칭 방법은 각자 다를 것입니다. 산책이나 심호흡도 흩어진 마음을 현재에 집중하고 주의를 전환하는 데 도움이 될 수 있습니다. 오늘의 일기를 쓰면서 하루를 정리하고, 분주하고 복잡했던 마음을 정돈하는 것도 좋은 방법입니다. 자신에게 맞는 취미 활동을 즐기는 것으로도 팽팽하게 긴장된 마음을 느슨하고 부드럽게 할 수 있습니다. 불안과 심리적 고통이 너무 심해 마음의 스트레칭만으로 풀 수 없다면 적극적인 약물 치료나 상담 치료가 필요할 수도 있습니다.

사실, 현재에 집중한다는 의미의 '지금, 여기'here and now는 정신 치료를 할 때에도 자주 사용하는 단어입니다. 치료자의 마음은 내담자가 다른 사람과 어떻게 상호작용하는가를 비추어 보는 거울이 되기도 합니다. 치료자는 '지금, 여기'에서 일어나는 일과 치료자 자신의 마음을 살피며 스스로를 치료의 도구로 사용할 수 있습니다.

그리고 '지금, 여기'라는 단어보다도, 치료자의 마음보다도 훨씬 더 지혜로운 도구가 하나 있습니다. 바로 '기도 스위치'입니다. 과거-현재-미래로 이어지는 시간과 지상이라는 공간을 뛰어넘어 나의 시선을 하나님의 시간과 하나님의 나라로 향하게 하는 것입니다. 우리는 기도를 통해서도 지나친 자의식이나 집착, 생각의 악순환에서 빠져나올 수 있습니다. 하나님께 우리 삶을 의지하는 어린아이 같은 마음이 되는 것입니다.

내가 산을 향하여 눈을 들리라.
나의 도움이 어디서 올까.

나의 도움은 천지를 지으신

여호와에게서로다.

— 시편 121편 1-2절

함께한 책
★ 구가야 아키라, 『최고의 휴식』, 알에이치코리아, 2017.
★ 로널드 퍼서, 『마음챙김의 배신』, 필로소픽, 2021.
★ 시편.

마음을 이해하고
　　　존중하는 길

MBTI

평소 가깝게 지내는 어느 교회의 사모님과 통화를 하던 중 문득 오랫동안 잊고 지냈던 저의 MBTI 유형과 별명이 떠올랐습니다. 제가 처음으로 MBTI 검사를 한 것은 정신과 전공의 때입니다. 동기들과 함께 해 보았는데, 그때 저만 INFP 유형으로 나왔고 '잔 다르크형'이라는 별명이 몹시 마음에 들지 않았던 기억이 납니다. '아이고, 다른 동기들처럼 임금 뒤편의 권력형, 성인군자형, 아이디어 뱅크형…… 이런 게 안 나오고, 왜 하필 나만 화형당한 잔 다르크 유형인 거야?' 하고 말이지요.

당시 MBTI에 대해 더 알아보고 싶은 마음이 있었지만 일하고 공부하느라 바쁘게 지내다 보니 까맣게 잊어버리고 살았습니다. 어쩌면 제 안에 MBTI가 재미로 보는 별자리 유형처럼 비합리적일 것이라는 편견이 있었는지도 모르겠습니다. 요즘은 전공의 때보다는 시간이 많아진 터라 MBTI가 무엇인지, 잔 다르크형이라고 하는 INFP는 어떤 유형인지 살펴보기 위해 한국 MBTI 연구소에서 시행하는 온라인 교육을 신청했습니다. 불과 몇 분 만에 접수가 마감되는 것을 보고 깜짝 놀랐습니다. 유행에 둔감한 제가 뒤늦게 MBTI의 인기를 실감한 것이죠.

MBTI 검사는 융의 심리 유형론 및 이사벨 마이어스와 캐서린 브릭스의 성격 유형 이론을 근거로 만들어진 성격 유형 검사입니다. 심리 유형론에서는 인간 행동의 다양성이 나타나는 이유를 개인이 정보를 수집하는 '인식'perceiving 기능의 방식과 인식한 내용을 바탕으로 결론 내리는 '판단'judging 기능의 방식이 다르기 때문이라고 설명합니다. 자세한 내용을 다 적기는 힘들지만, 인식 기능으로는 '감각'sensing과 '직관'intuition이 있고, 판단 기능으로는 '사고'thinking와 '감정'feeling이 있습니다. MBTI의 지표인 E-I, S-N, T-F, J-P 중 처음에 오는 E-I는 외향성

extraversion 또는 내향성introversion의 선호(MBTI에서는 삶의 에너지의 방향을 의미)를 뜻합니다. 마지막 조합인 J-P는 '외부 세계에 대처하는 생활 양식'으로 선호하는 '태도로서의 판단judging과 인식perceiving'을 뜻합니다. 그리고 가운데 오는 S-N, T-F가 바로 심리 기능(감각과 직관의 인식 기능, 사고와 감정의 판단 기능)을 나타냅니다. INFP의 경우 내향성I-직관N-감정F-인식P 기능에 대한 선호를 알파벳 약자로 표현한 것입니다.

당연한 말이지만 MBTI가 모든 사람의 성격을 완벽하게 분류할 수 있는 것은 아닙니다. 외향적인지 또는 내향적인지, 인식하고 판단할 때 무엇을 우선시하는지, 계획적인 틀을 선호하는 스타일인지 또는 개방적, 자율적 과정을 선호하는지에 따라 성격을 나누어 보는 하나의 도구일 뿐입니다. 실제로 선천적인 유형이 존재하느냐고 비판하기 시작하면 끝이 없지만 현실적으로 성격 이해에 전혀 도움이 안 된다고 말할 수도 없습니다. 비슷한 유형의 사람들이 보이는 특징을 풍부한 표현으로 서술해 놓았기 때문에 유형 설명이 잘 맞는 사람의 경우 자신의 성격을 입체적으로 이해할 수 있다는 장점이 있습니다. 자세한 내용이 궁금하신 분들은 한국 MBTI 연구소에서 하는 전문 교육을 통해 더 공부해 보시기 바랍니다.

Z세대(1990-2000년대에 태어난 세대)는 또래들과 MBTI로 쉽게 공감대를 형성한다고 합니다. 서로 얼마나 비슷한지 혹은 얼마나 다른지 파악하는 코드로 활용하여 나와 타인을 연결하고자 하는 것입니다. SNS에 자신의 MBTI 유형을 게시하는 것은 자신의 심리적 성향을 알려 주는 간단한 자기소개가 될 수 있겠지요.『트렌드 코리아 2021』에서는 MBTI 유행을 일종의 '레이블링 게임'이라고 명명하고 있습니다. 레이블링 게임이란 "자기 정체성을 특정화된 유형으로 딱지(레이블)를 붙인 뒤, 해당 유형의 라이프스타일을 동조, 추종함으로써 정체성의 불확실성을 해소하려는 게임화된 노력"을 말합니다. 여러 가지의 페르소나 속에서 "진짜 나는 누구인가?"에 대한 대답을 "자기 정체성 찾기 놀이"처럼 즐기는 것이지요.

다시 제 이야기로 돌아가 보면 저는 남편과 결혼한 지 12년이 되었는데요, 남편을 사랑하고 존중하지만 가끔 관점이 확연히 다름을 발견하곤 깜짝 놀라기도 합니다. 그동안 살면서 깨닫게 된 남편의 특징 중 하나가 쓸데없는 에너지 낭비를 하지 않는 것인데『16가지 성격 유형의 특성』이라는 교재에서 "노력을 절약"한다는 표현을 발견하고는 '현웃'(현실에서 소리 내어 웃음)하였답니다. 또 제가 오래전 남편에게 붙여 준 별명이 '일반남'(일단 반대하고 보는 남자. 남편은 저와 달리 논리적으로 비평을 매우 잘

합니다), '기술자'(직업과 상관없이 손재주가 좋고 장인 정신이 투철합니다)입니다. ISTP 유형을 설명한 글에서 이와 비슷한 내용을 읽고서 우리 남편이 그렇게 '특이한' 사람은 아님을 깨달았네요. 고마운 MBTI입니다.

저의 유형은(네, 잔 다르크형입니다) 집단보다 개인의 가치를 중요하게 생각하며 신념을 중요하게 생각합니다. 환자들의 자율성과 개성을 존중하며 정신적 성장을 돕는 것이 저의 직업적 소명이고 기쁨입니다. 이 책의 주제도 결국 제가 중요하게 생각하는 개인의 정신적, 영적 성장과 삶의 의미를 다루고 있어요. 그 과정에서 하나님의 인도하심을 기대하고 순종하기 원한다는 점에서 잔 다르크와 약간 비슷한 점도 있네요. 무엇보다도 INFP 유형이 주의하고 개발해야 할 점이 딱 제가 그동안 스스로 부족하게 느꼈던 부분이라 무릎을 탁 쳤어요. 다양한 관심으로 여러 가지 일을 벌이지만 마무리가 안 될 수 있고 자신의 아이디어를 논리적으로 분석해 볼 필요가 있다는 것이죠. 지금도 여러 가지 취미를 기웃거리다가 어느새 멈추었고, 누가 써 달라고 부탁한 것도 아닌데 이렇게 글을 쓰며 끙끙대고 있답니다.

정신과에서 심리 치료를 하는 궁극적인 목표는 나를 더 잘 이해하고 수용하는 것입니다. MBTI도 각 유형의 사람들이 자주 사용하는 심리 기능과 성향을 잘 서술하여 제시해 준다는 면에서 나를 이해하고 알아 가는 좋은 수단 중 하나가 될 수 있다고 생각합니다. 하지만 일반적으로 정신과에서는 병리적인 부분을 탐색하기 위한 심리 평가를 하기 때문에 MBTI와 같은 심리 유형 검사는 거의 시행하지 않습니다. 개인적인 의견입니다만, MBTI를 어릴 때 유행하던 별자리 운세 정도로 폄하하는 것도 편견이고 그렇다고 지나치게 맹신하여 MBTI의 16가지 틀로 사람을 판단하는 것도 편견이라고 생각합니다. MBTI는 심리 유형에 관한 잘 정리된 하나의 가설이며 스스로 체크하기 때문에 자기가 원하는 방향의 유형이 나오도록 할 수도 있다는 점을 염두에 두어야겠지요. 융의 이론을 정리해 놓은 『분석심리학』이란 책에서는 "유형이 성찰의 대상이 될 때 우리는 항상 어떤 미지의 영역을 탐색하게 되며 바로 그런 탐색 그 자체가 사람들의 자기 인식에 도움을 줄 수 있게 되는 것"이라고 하였습니다. MBTI를 통해 자신이나 타인에 대해 고정적인 선입견을 갖기보다는 나에 대해 성찰해 보는 하나의 도구로 긍정적으로 활용하면 좋겠습니다.

우리 각자는 세상에서 오직 하나뿐인 소중한 존재입니다. 같은 유형이라 할지라도 세상에 똑같은 사람은 하나도 없습니다. 나의 참모습을 이해하는 진정한 통찰은 평생이 걸릴 수 있는 작업입니다. Z세대의 '타인의 다름과 취향을 존중하는 싫존주의'(싫음도 존중한다는 말이라네요) 처럼, 나의 고유한 개성을 존중하면 좋겠습니다. 심리 성향이란 옳고 그름이 아닙니다. 정보를 인식하고 판단을 내리는 스타일이 서로 다른 것입니다. 서로 다른 부분을 통해 나 자신에 대해 더 잘 알 수 있으므로 유익하고 감사한 일입니다.

하나님께서는 이 세상과 인간을 창조하시고 나서 "보시기에 심히 좋았더라"고 하셨지요. 하나님의 형상대로 창조하신 우리 각 사람은 16가지 유형의 설명보다 훨씬 더 유연하고 복잡하며 풍성한 내면을 가지고 있습니다. 우리의 정신세계는 알면 알수록 얼마나 깊고 흥미로운지 모릅니다. 요즘 학교 생활기록부에는 학생의 독서 기록을 적는다지요. 그 학생의 지적 여정을 보기 위한 것이랍니다. MBTI가 단지 레이블링 게임에서 끝나는 것이 아니라 자신의 마음을 더 잘 이해하고 존중하게 되는 '심리적 여정'의 첫걸음이 되기를 기대해 봅니다.

함께한 책
★ 김난도 외 8인, 『트렌드 코리아 2021』, 미래의창, 2020.
★ 김정택, 심혜숙, 『16가지 성격 유형의 특성』, 어세스타, 2015.
★ 이부영, 『분석심리학』, 일조각, 2009.

자신을 바르게
　　　　바라보려면

통찰

정신 치료psychotherapy란 치료자와 내담자 간의 대화와 관계를 통해 내담자의 마음을 이해하고 더 나은 삶의 변화를 추구하는 치료입니다. 정신 치료는 전이와 저항을 다룬다는 점에서 정신 분석과 유사하지만, 비교적 짧은 기간 동안 면담을 해야 하는 시간의 제약 때문에 정신 분석에서보다 치료자가 대화에 좀 더 능동적으로 개입을 하게 됩니다. 정신 치료를 받는다고 해서 사신이 바라는 이상적인 성격으로 사람이 180도 바뀐다거나 불안이 없어지고 오롯이 행복해지는 것은 아닙니다. 정신 치료의 목표는 신경증적 증상과 갈등으로 인해 현재 내담자가 느끼는 심리적 고통을 덜어 주는 데 있습니다. 치료자는 정신 치료가 앞으로의 내담자의 삶에 도움이 되길 진심으로 바라지만, 내담자가 살아가는 동안 겪게 될 심리적 고통을 완전히 해결하거나 예방해 줄 수는 없습니다.

그러나 정신 치료를 통해 우리는 자신에 대한 통찰을 얻을 수 있습니다. 나의 감정, 나의 생각, 나의 무의식을 더 잘 이해하게 되고 스스로 불편하게 느꼈던 부분을 받아들이고 통합하게 됩니다. 정신과 의사 김정수는 그의 저서에서 "의식과 무의식이 합쳐질 때" 또는 "과거의 관계와 경험, 현재의 관계와 경험, 그리고 지금 치료실에서의 관계와 경험이 모두 하나의 에너지임을 깨달을 때" 등 의식이 연결되고 확장되는 순간에 깊은 깨달음과 통찰을 경험하게 된다고 하였습니다. 통찰의 사전적 의미는 '사물의 깊은 뜻이나 사정을 환하게 아는 것'이지만 정신과 영역에서 통찰이란 '나를 바르게 볼 수 있는 것'이라고 할 수 있습니다. 그런데 나를 바르게 보려면 어떻게 해야 할까요?

우선, 나를 '비추어 보아야' 합니다. 나를 비추어 보는 거울이 있어야 내가 어떻게 생겼는지 알 수 있듯이, 우리는 타자와의 관계를 통해 내가 어떤 성향이 있는지 비교하여 알게 됩니다. 내담자는 사람들과 다양한 관계를 맺으며 자연스럽게 어떤 감정을 느끼고 생각하게 되지만 대개 무심코 지나치곤 합니다. 치료자는 지지하는 태도로 이런 감정적 사건들을 '지금, 여기'로 소환하여 내담자가 자신의 마음을 안전하게 탐색하고 말로 표현할 수 있도록 도와줍니다. 치료 과정 중 내담자와 치료자의 관계 안에서 일어나는 감정은 내담자의 마음을 이해하는 데 소중한 정보를 주기도 합니다. 우리는 반복되는 학습이나 경험을 통해 무의식적으로 어떤 패턴에 따라 행동하곤 합니다. 그래서 과거나 현재에 다른 사람과의 관계에서 느끼고 생각하는 패턴을 치료자와의 관계에서 되풀이하기도 하는 것이지요. 치료자와의 관계라는 거울로 나의 마음을 비추어 보는 것은 중요한 통찰로 이어질 수 있습니다.

두 번째로는 감추인 것을 '드러내야' 합니다. 상담을 하다 보면 자신의 감정을 사소하거나 별것 아닌 것으로 생각하고 언급하지 않으려는 분들이 많이 있습니다. 하지만 우리의 감정은 결코 사소하지 않으며 그 사람을 이해하는 데 매우 소중한 정보를 줍니다. 기쁨, 분노, 슬픔, 즐거움, 사랑, 증오 등 감정이 없는 삶을 생각할 수 있을까요? 감정은 핵심적인 삶의 에니지입니다. 또한 부정적인 생각, 옳지 못한 생각에 대해 비판받을 것이 두려워 자신의 생각을 숨기는 분들도 있습니다. 사회생활을 하다 보면 다른 사람에게 날것의 욕망과 감정, 개인적인 생각을 드러내는 것이 손해가 되는 경우가 물론 있습니다. 그래서 우리는 속마음이 그렇지 않을 때에도 자신을 긍정적이고 호의적인 사람으로 세련되게 포장하기도 합니다.

치료자는 내담자의 생각의 흐름과 감정 에너지가 어떻게 움직이는지 이해하려는 사람이지 어떤 사건의 진실을 밝혀내거나 도덕적 판단을 내리는 심판관이 결코 아닙니다. 진료실은 비밀이 보장되는 안전한 공간이기에 그 안에서 솔직한 감정과 생각을 말로 표현하면 치료자와 함께 자신의 의식과 무의식을 탐색하는 데 도움이 됩니다. 감정을 언어로 표현한다는 것은 막연하게 답답하고 불편했던 느낌에 이름표를 다는 것과 같습니다. 뒤죽박죽 섞여 있는 내 감정에 이름을 붙여 주고 하나의 이야기로 구성할 수 있다면, 우리는 그것을 의미 있는 사건으로 기존의 나의 이야기와 연결하고 통합할 수 있습니다. 자신을 들여다보고자 하는 용기가 있고 변화하고자 하는 동기가 있는 분들에게 정신 치료는 자기 내면으로 향하는 멋진 여행의 과정이 될 것입니다.

치료받고자 하는 마음이 있더라도 여건이 되지 않는 분들도 많을 것입니다. 그런 경우 처음에는 쉽지 않겠지만 자신의 감정을 솔직하게 있는 그대로 인정하는 것만으로도 통찰에 조금 더 가까워질 수 있습니다. 우리는 불쾌하고 부끄러운 생각과 나쁜 느낌이 들면 놀라고 당황하여 무조건 숨기고 피하기 쉽습니다. 심지어 자신의 부정적인 감정을 다른 사람의 것인 양 투사하는 경우도 있습니다. 하지만 불안, 슬픔, 분노 등은 인간의 자연스러운 감정이고 만약 불쾌한 감정을 느꼈다면 그럴 만한 이유가 있었을 것입니다. 불편한 감정을 느끼고 있음을 받아들이고 그것이 어떻게 시작되었는지, 그에 따라 어떤 생각이 이어졌는지 깊이 생각해 보는 습관은 우리 마음을 바르게 보도록 도와줍니다.

마지막으로, 자신을 '사랑하는 마음으로 보아야' 합니다. 자세히 보아야 예쁘다는 말처럼, 자기 자신을 새로운 피조물을 대하듯이 관심을 갖고 주의 깊게 보아야 합니다. 나의 감각, 감정, 신체, 정신, 영적인 부분까지 모든 것을 말이지요. 생명의 신비, 신체가 작동하는 방식, 만져 볼 수 없지만 분명히 존재하는 마음을 생각하면 무척 신기합니다. 그런데 지금 나의 모습이 마음에 들지 않는데 억지로 나를 사랑하라고 하면 어렵게 느껴질지도 모릅니다.

알랭 드 보통은 작가가 작품을 만드는 동기는 "사

랑받는 것이 어떤 느낌인지 나타내고자 하는 데 있으리라고 추측해 볼 수 있다"고 하였습니다. 어떤 작품을 보고 감동을 받는 이유는 무엇일까요? 그 작품은 작가의 진심 어린 관심에 의해 창조되었으므로 작가가 사랑이 담긴 시선으로 본 대상의 아름다움을 우리도 같이 느끼기 때문일 것입니다. 그는 작품이 '사랑으로' 창조되었다는 말은 "단지 어떤 예술작품에 대한 통찰이 아니라 사랑의 본질에 대한 통찰"이라고 하였지요.

　　우리는 쉽게 세상에 태어나지 않았고 아무렇게나 살도록 창조되지도 않았습니다. 어느 누구도 나를 대신할 수 없습니다. 나는 세상에 단 하나뿐인 존재입니다. 하나님은 우리를 사랑하셔서, 또 사랑받게 하시려고 귀하게 창조하셨습니다. 그 사랑을 깨달을 때 창조주의 시선으로 우리 자신을 사랑스럽게 느낄 수 있습니다. 자신이 사랑받고 있음을 아는 사람의 눈에서는 빛이 납니다. 사랑이자 빛이신 주님 안에서 우리는 자신을 바르게 볼 수 있습니다.

　　진료실 안에서는 종교가 다른 사람들을 만나기 때문에 종교 이야기는 거의 하지 않습니다만, 가끔 환자들이 자신을 소중하고 귀하게 여기지 않고 자신을 저주하는 말을 하는 것을 마주할 때면 참 안타깝고 슬픕니다. 창조주 하나님의 피조물이자 하나님의 사랑받는 자녀로서 자기 자신을 바르게 보는 것은 저주의 삶에서 축복의 삶으로 삶을 180도 변화시키는 귀중한 통찰일 것입니다.

함께한 책
★ 김정수, 『나는 내 마음과 만나기로 했다』, 소울메이트, 2017.
★ 이근우, 『괜찮아, 나도 그랬으니까』, 가디언, 2020.
★ 알랭 드 보통, 존 암스트롱, 『알랭 드 보통의 영혼의 미술관』, 문학동네, 2018.

마음을 비추는
거울

공감

아기는 성장하면서 엄마, 아빠의 마음이 자기 마음과 다르다는 것을 알게 됩니다. 더 자라면서는 타인의 입장을 배려하고 헤아릴 줄 알게 됩니다. 저도 아이를 키우면서 아이가 저를 걱정해 주었을 때, 아이가 엄마의 마음을 헤아리는 말을 하는 순간 가슴 벅찰 정도로 감동을 받았습니다. 사랑을 받기만 하지 않고 줄 줄도 아는 사람으로 성장한다는 것은 정말 감사한 일입니다. 타인의 마음이 나의 세상에 들어올 수 있을 만큼 성장하여 자기 중심성에서 벗어났다는 뜻이기 때문입니다. 공감이란 이렇게 상대의 마음이 어떨까 헤아려 보는 것입니다. 역지사지라는 말처럼 입장을 바꾸어 생각해 보는 것이죠. 히브리서에 "너희도 함께 갇힌 것 같이 갇힌 자를 생각하고 너희도 몸을 가졌은즉 학대 받는 자를 생각하라"는 말씀이 나옵니다. 곤경에 처한 상대에게 측은지심을 느끼는 것은 공감할 수 있는 사람이 갖는 마음입니다.

공감은 작품을 창작하거나 감상하는 예술 활동을 할 때도 필요합니다. 『심미안 수업』의 저자 윤광준은 "좋은 디자인은 공감의 폭이 넓다"고 하였습니다. 공감 능력이 좋은 사람이 디자인 감각이 좋은 이유는 자기만의 관심에 머물지 않고 다수의 관심을 파악할 수 있기 때문이라고 합니다. 공감 능력이 좋은 사람은 조화로움에 대한 감각을 갖고 있고 조화로움은 우리 마음에 안정감을 줍니다. 앙리 마티스는 "내가 꿈꾸는 것은 균형의 예술이다"라고 말했지요. 참 멋진 문장인 것 같아서 괜히 저도 한번 따라서 말해 봅니다. "내가 꿈꾸는 것은 조화의 예술이다."

공감은 인기 있는 연예인들이 가진 '끼'의 한 부분일지도 모릅니다. 유행을 이끌어 가는 사람들, 대중의 사랑을 받는 사람들은 보통 다른 사람들이 무엇을 좋아하는지 잘 알아차립니다. 자신에게 어울리는 스타일이 무엇인지, 다른 사람들은 어떤 스타일을 좋아하는지를 대중의 입장에서 바라볼 줄 압니다. 자신의 개성을 잃지 않으면서 상황과 분위기에 맞추어 자신을 드러내고, 타인이 매력을 느낄 만한 태도가 무엇인지 잘 파악합니다. 주위 사람들을 잘 웃게 만드는 사람은 다른 사람들이 어떤 지점에서 재미있어 할지를 예상하고 그것을 활용합니다.

공감은 상담가들의 좋은 도구이기도 합니다. 내 앞의 상대방에게 관심을 갖고 그가 어떤 이야기를 하든 열린 마음으로 듣습니다. 우리는 모두 서로 다른 사람이기에 100퍼센트 완벽하게 공감할 수는 없을 테지만 상대의 감정을 이해하고 같이 느껴 보려고 노력합니다. 공감은 우리가 전부 다르지만 비슷한 부분도 있음을 인정하고 '그럴 수도 있겠다'고 생각해 보는 것입니다. 상담가는 보편적인 인간성의 토대에서 내담자에게 공감하며 내담자와 신뢰 관계를 쌓아 갑니다.

우리가 이렇게 상대의 마음을 미루어 짐작할 수 있는 것은 '거울 뉴런'이 제 기능을 발휘하기 때문이라고 합니다. 이탈리아의 자코모 리촐라티 교수 연구 팀은 원숭이의 뇌에서 거울 뉴런을 처음으로 확인했습니다. '쥐기'grasping에 관여하는 원숭이의 뇌 영역은 다른 누군가가 물건을 쥐는 모습을 관찰하기만 해도 활성화되었습니다.

인간의 뇌에서 거울 뉴런은 브로카 영역(뇌의 좌반구 전두엽에 있는 말을 하는 기능을 담당하는 영역)에서 발견되었습니다. 따라서 이 영역이 언어 생성뿐만 아니라 모방에도 결정적이라는 것이 알려지게 되었지요. 아기는 양육자와 상호 작용을 하면서 말을 따라하고 배울 뿐 아니라 공감 능력을 발달시키는 능력을 갖고 태어납니다.

공감에는 정서적 측면과 인지적 측면이 있습니다. 거울 뉴런의 자동적인 반사하기mirroring 덕분에 누군가 아픈 표정을 짓거나 슬피 우는 모습을 볼 때면 우리 마음도 아파 옵니다. 이것이 '정서적 공감'입니다. 한편 상대방과 같은 감정을 느끼지 않더라도 타인의 상황과 마음 상태를 인지적 측면에서 파악하고 예측하는 것을 '인지적 공감'이라고 합니다. 사람마다 정서적 또는 인지적 공감 능력 중 더 뛰어난 영역이 있을 수 있고 활성화되는 정도가 다를 수 있습니다.

만약 어른의 공감 능력도 더 향상될 수 있는 것이라면 어떻게 훈련할 수 있을까요? '내가 만약 그 사람이라면? 내가 만약 그 상황이라면?' 하며 그가 어떻게 느끼고 있을지 마음속에 그려 보는 연습을 많이 해 보세요. 상상의 여지가 있는 그림책이나 정서적 표현과 묘사가 풍부한 소설책도 도움이 될 것입니다. 뇌는 학습이나 환경에 따라 특정 방향으로 변화하는 가소성이 있습니다. 자주 사용하는 뇌 부위가 더 발달하듯이 거울 뉴런도 많이 사용할수록 신경 사이의 연결이 더 강화되고 활성화될 것이라고 짐작해 볼 수 있습니다.

또 사람들과 대화를 나눌 때는 얼굴 표정을 보며 대화하는 게 좋겠습니다. 시선을 다른 곳에 둔 채 건성으로 대답하지 않고 상대방과 얼굴을 마주 보고 이야기를 나누는 것입니다. 아서 코난 도일은 『셜록 홈즈의 회상록』에서 명탐정의 입을 빌려 이렇게 말했지요. "인간에게 얼굴은 감정을 표현하는 수단이지"라고요. 말로는 괜찮다고 하지만 얼굴 표정은 괜찮지 않을 때 어떤 것이 더 진심에 가까울지 고민해 보아야 합니다. 건성으로 공감하지 말고 정성을 들여 공감해야 합니다.

하나님이 우리에게 주신 공감 능력을 잘 활용하려면 서로 선한 영향을 주고받아야 합니다. 거울 뉴런은 잘 따라합니다. 어른들이 가정과 사회에서 말과 행동으로 아이들에게 모범이 되어야 하는 이유입니다. 어떤 부분에서는 실제로 '자식은 부모의 거울'이 될 수도 있습니다. 또한 거울 뉴런은 함께 움직입니다. '상호 의존성'이 있다고 하지요. 그래서 나만 즐겁게 잘 살면 되는 것이 아니라 우리 모두가 서로에게 책임이 있습니다. 하나님은 우리에게 단지 거울 뉴런만 주신 것이 아니라 예수님을 본받아 살도록 완벽한 삶의 모범과 사랑을 보여 주셨습니다. 얼마나 놀랍고 감사한 일인지요.

아, 그런데 혹시 거울 뉴런이 너무 과활성화(?)되는 분이 계신가요? 상대방의 표정에 너무 민감하고 상대의 기분이 어떨지 혼자서 지나치게 신경 쓴다면 쉽게 피곤해지고 지칠 수 있어요. 그럴 때는 내가 상대방에 대해 생각했던 것이 정말 맞는지 그 사람과 한번 직접 대화를 나누어 보세요. 그의 마음을 잘 모르겠으면 알려 달라고 요청해 보세요. 그가 실제로 어떻게 느끼고 있는지, 어떻게 해 주길 원하는지 주의 깊게 들어 보세요. 아마 추측이 맞을 때도 있고 틀릴 때도 있을 것입니다. 상대의 마음의 진실은 나에게 있는 것이 아니라 그 감정을 느끼고 있는 그에게 있으니까요.

공감이란 뇌 속의 거울 뉴런처럼 홀로 존재하지 않습니다. 늘 누군가와 함께 있으며 서로의 빛과 에너지를 주고받습니다. 공감은 상대의 마음을 비추어 주는 거울이자 우리를 이어 주는 끈입니다.

함께한 책

★ 윤광준, 『심미안 수업』, 지와인, 2019.
★ 마르코 야코보니, 『미러링 피플』, 갤리온, 2009.
★ 손정우, 김혜리, 「깨진 거울인가 깨지지 않은 거울인가?: 자폐 스펙트럼 장애의 거울 뉴런 문제에 관한 고찰」, *Journal of Korean Academy of Child Adolescent Psychiatry*, 2013.
★ 아서 코난 도일, 『셜록 홈즈의 회상록』, 황금가지, 2002.

성장시키는 사랑

안녕, 프시케

"나는 사람들이 성장하는 모습을 보는 것을 좋아합니다. 모든 것들이 자라나는 것을 보면 참 좋습니다. 폭풍, 눈이 내리는 것, 푸른색으로 변하는 풀, 꽃이 피는 것, 노을을 보면 행복해집니다. 그중에서도 사람들이 성장할 때 가장 기쁩니다."

스캇 펙의 소설 『저 하늘에서도 이 땅에서처럼』에서 주인공 다니엘이 한 말입니다. 다니엘은 정신과 의사로서, 천국에 가서도 이 땅에서 그랬던 것처럼 사람들의 성장을 돕습니다. 신체적, 정신적, 영적 성장을 넘어 우리는 천국에서도 성장한다는 성장 스토리의 결정판이라고 할 수 있지요. 천국을 상상한 이야기라 흥미로운 것도 있었지만 성장하는 모습을 보는 게 기쁘다는 주인공의 말도 진심으로 공감이 되었습니다.

스캇 펙은 사랑을 "자기 자신이나 또는 타인의 정신적 성장을 도와줄 목적으로 자기 자신을 확대시켜 나가려는 의지"라고 정의하였습니다. 무언가를 자라게 하는 것은 사랑입니다. 저도 부모님과 스승님들, 이웃과 친구들 그리고 하나님의 사랑을 받으며 아이에서 어른으로 성장했습니다. 어른이 되었다는 것은 자기 자신을 포함하여 누군가를 사랑으로 자라게 도와줄 수 있음을 의미한다고 생각합니다. 작은 식물을 키우든 반려 동물을 키우든, 한 생명을 보살피고 성장시키는 데는 애정 어린 관심과 책임감이 필요합니다. 몸이 자라게 하고 마음이 자라게 하며 영적으로 성장하도록 도와주는 모든 일의 바탕에는 '사랑'이 있습니다.

봄에 동네 뒷산을 오르내리다 보면 '바위나리'라고도 부르는 돌단풍이 돌 틈으로 곱게 얼굴을 내밀고 있는 것을 보게 됩니다. 별처럼 예쁘다고 생각히며 지나가려는

데 어떤 아저씨께서 바닥에 엉덩이를 붙이고 앉은 채 바위나리 사진을 열심히 찍고 계셨어요. 저처럼 꽃을 보고 기쁨과 경이로움을 느끼셨나 봅니다. 괜히 반가운 마음이 들어 저도 잠깐 걸음을 멈추고 작품 활동을 하시는 모습을 구경했어요. 아마도 그분은 꽃을 그냥 예쁘게 여기는 저보다 꽃을 더 '사랑'하시는 것 같다는 생각이 들었습니다. 길가에 핀 키 작은 꽃 한 송이의 가장 아름다운 각도를 사진에 담기 위해 바닥에 털썩 주저앉은 그분의 낮은 자세를 보며 '누군가를 정말 사랑하면 그를 위해 낮은 자리로 가게 되는구나' 깨닫게 되었습니다. 예수님처럼요. 사랑은 그 대상을 예뻐하는 마음뿐 아니라 그를 위해 기꺼이 자신의 눈높이를 맞추고 자신의 시간과 에너지를 쏟는 행동입니다. 사랑하는 누군가를 실제로 아끼고 보살피는 삶이지요.

지난봄에 아이와 함께 관찰하기 위해 인터넷으로 배추흰나비 한살이 키트를 주문했어요. 요즘은 집에서 체험하는 과학 상자나 간편하게 한 끼를 해결할 수 있는 밀키트 등 별의별 키트가 다 나오는 것 같습니다. 그런데 제가 주문해 놓고도 택배 상자에 큰 글씨로 '생물'이라고 쓰인 것을 보고 깜짝 놀랐습니다. 생물을 택배로 배달하는 것이 어쩐지 생명을 존중하지 않는 것 같아 불편한 느낌이 들기도 했고 생물이라니 괜히 뭔가 무시무시한 괴생물체가 상상되었지요. 상자를 조심스럽게 열고 두근거리는 마음으로 포장지를 한참 제거했습니다. 손바닥보다 작은 샬레만 덩그러니 들어 있어서 처음에는 배송 실수인 줄 알았습니다. 눈을 크게 뜨고 샬레를 자세히 들여다보니 너무나 조그만 잎채소 조각 위에 아주아주 작은 하얀 점을 찍어 놓은 것 같은 귀여운 나비 알들이 있었답니다. 휴~.

며칠이 지나자 요 작은 알에서 눈곱보다도 작은 애벌레가 기어 나와서 잎채소에 구멍을 뽕뽕 내고 다니더군요. 엉금엉금 기어 다니는 아기들처럼 천천히 그러나 꾸준히 먹고 싸고, 먹고 싸고 쑥쑥 자라납니다. 자꾸 보니 꼬물꼬물 움직이는 게 앙증맞고 귀여운 것이 '반려(?) 곤충'이라고 불러도 될 것 같습니다. 그림책 『배고픈 애벌레』의 작가 에릭 칼이 먹보 애벌레의 먹성을 얼마나 사랑스럽게 잘 표현했는지 새삼 감탄하게 되었습니다. 또 며칠이 지나니 통통해진 애벌레들이 채소 먹기를 중단하고 화분 벽에 하나둘 자리를 잡더군요. 그리고 허물을 '툭!' 하고 벗어 내더니 번데기가 되었어요. 밋밋하고 길쭉한 몸통의 애벌레였는데 오랫동안 웅크리더니 어느새 끝이 대추씨 같은 모양으로 날렵해지고 단단해진 껍데기 바깥쪽에 뾰족한 돌기 같은 것이 생겼습니다. 이따금 까칠하게 자기 방으로 숨어 버리는 사춘기 아이처럼, 나비가 되려면 기다림이 필요한가 봅니다. 어느 날 드디어 배추흰나비 번데기에서 부드러운 크림색의 아름다운 나비가 나왔습니다. 이름을 '프시케'라고 지어 주고 풀밭에 날려 보내 주었어요. 프시케는 나비답게 날개를 살랑거리며 자유롭게 날아갔습니다. '안녕~ 프시케!'

정신과 의사로 일했던 지난 10년을 돌이켜 보니 저는 그동안 '격려하는 사람'이었습니다. 환자들이 진료실에서 속마음을 쏟아 놓고 조금씩 추스르도록 격려하며 스스로 기운을 차리고 일어설 때까지 애정 어린 마음으로 기다려 줍니다. 그러다 축 처진 날개를 다시 펼 수 있을 만한 적절한 때에 이제 다시 세상으로 나가 보는 게 어떻겠냐고 등을 살짝 떠밀지요. 천천히 가도 되니 날아가고 싶은 곳으로 자유롭게 날아 보라고, 잘 날지 못해도 괜찮으니 용기 내어 날개를 펴 보라고 말입니다.

자신감 날개, 희망 날개, 친구라는 날개, 위로 날개, 인정 날개, 공감 날개, 신앙의 날개를 활짝 펴고 각자 어디에 있든 자신의 삶을 소중히 여기며 살아가기를 기도합니다. 여러분의 마음이 상처받기 쉬운 부드러운 날개를 가진 나비라면, 나비처럼 아름답고 가볍게 날아가세요. 여러분의 마음이 강하고 다부진 날개를 가진 새라면, 새처럼 힘차고 멋지게 멀리 날아가세요. 세상에 하나뿐인 특별한 여러분의 삶을 응원합니다.

"의사는 진료하지만, 하나님은 치유하신다"라는 말이 있지요. 진료실에서 보낸 시간은 여러분을 향한 하나님의 사랑과 능력을 경험하는 은혜로운 시간이었습니다. 여러분들이 성장하는 모습을 볼 수 있어서 정말 감동적이었습니다. 그리고 결국 날개를 펴지 못했던 당신……. 남은 사람들의 눈물과 기도가 주님께 닿아 그곳에서는 외로움과 괴로움, 아픔과 슬픔 없이 부디 평안하고 자유롭기를 바랍니다.

함께한 책
★ 스캇 펙, 『저 하늘에서도 이 땅에서처럼』, 포이에마, 2012.
★ 스캇 펙, 『아직도 가야할 길』, 열음사, 2008.
★ 에릭 칼, 『배고픈 애벌레』, 더큰, 2007.

적당히 일하는

              연습

번아웃에 대하여

저는 새로운 것에 호기심을 잘 느껴서 취미 활동을 쉽게 시작하는 편입니다. 문제는, 그만두는 것도 쉽게 그만둔다는 것입니다. 끝까지 해내는 꾸준한 인내심과 아름다운 마무리가 부족합니다. 그런데 어떤 사람의 경우에는, 그만두어야 할 때 그만두지 못해서 문제가 될 수도 있습니다. 예를 들어, 자신의 결정과 선택에 지나친 책임감을 느껴 방향을 전환하지 못하고 절망하거나 일을 그만두는 것을 낙오나 패배라고 생각하여 너무 고통스러운데도 억지로 버티는 직장생활 같은 것 말입니다. 너무 쉽게 자주 그만두는 것도, 그만두어야 할 때 내려놓지 못하는 것도 둘 다 지혜롭지 않은 모습이겠지요.

자신이나 다른 사람의 가능성을 인정하며 해낼 수 있다고 믿어 주고 응원하는 것은 좋은 일입니다. 하지만 "난 할 수 있다", "열심히 하면 된다"는 말을 절대적으로 믿은 나머지 일이 원하는 대로 안 되었을 때 무조건 '열심히 안 한 내 탓'만 해서는 안 됩니다. 살다 보면 해도 해도 안 되는 일이 얼마나 많은지요. 우리는 무엇이든 될 수 있고 무엇이든 할 수 있는 동화 속 요정이 아닙니다. 해 보지도 않고 지레 겁을 먹어 못한다고 하는 것도 문제지만, 해 봤는데 도저히 안 되는 것은 다른 방법을 찾거나 목표를 수정해야 합니다. 과로로 쓰러질 때까지 스스로 채찍질하며 몰아붙이는 것은 자신을 착취하는 것입니다. 나를 힘들게 하는 무언가가 나를 성장시키는 것인지, 아니면 나를 착취하는 것인지 잘 판단할 필요가 있습니다.

'번아웃'이란 에너지가 소진되었다는 뜻입니다. 계속되는 직장 스트레스로 인해 무력감과 피로를 느끼고 업무에 대한 부정적, 냉소적 태도를 보이며 작업 능력과 효율이 떨어지는 것을 말합니다. 감당하기 힘든 스트레스가 지속되면 결국 생활 전반의 기능 저하로 이어지는데 이를 우울증이 올 때까지 방치한다면 자신에게 진정으로 좋은 결정이나 이성적 판단을 내리기 힘들어집니다. 업무에 대한 과도한 압박과 지나친 책임감 때문에 심하게 불안하거나 출근이 고통스럽게 느껴진다면, 잠시 쉬면서 내 몸과 마음의 상태를 살펴보는 것이 어떨까요? 무엇 때문에 이렇게 힘든지 고민해 보고 그것이 힘들게 버틸 만한 가치가 있는 것인지 점검해 보아야 합니다.

일반적으로 일이 힘들고 잘 안 풀릴 때는 여러 가지 요인이 함께 작용합니다. 나의 실력이나 성격, 시간 관리나 요령 등 내가 기여하는 부분도 일부 있겠지만 집단 구성원들 사이의 역동과 갈등이 더 문제가 될 수도 있습니다. 혹은 사람이 문제가 아니라 노동력을 쥐어짜는 회사의 비인격적 시스템이나 자본주의 체제의 부작용이 문제일 수도 있습니다. 번아웃되어 버린 이유가 내가 잘 버텨 내지 못했기 때문이 아닐 수 있으니 지나치게 자신을 몰아세우며 자책할 필요가 없습니다. 대신 번아웃이 오기 전, 즉 스트레스(심리적, 신체적 긴장 상태)를 받고 있지만 체력과 정신력이 완전히 소진되기 전 아직 마음의 여유가 있을 때 내가 어찌할 수 있는 부분과 내가 어쩔 수 없는 부분을 분리해서 생각해 보면 좋겠습니다. 내가 어쩔 수 없는 부분에는 나의 한계도 있고(우리는 모두 한계가 있습니다) 타인과 시스템이라는 외부 요인도 있을 것입니다. 나에게 한계가 존재한다는 것과 어찌할 수 없는 외부 요인에 대해 과도한 책임감을 느끼지 않기를 바랍니다.

경쟁력을 갖추기 위해 남보다 치열하게 살지 않고 멈춰 있으면 상대적으로 뒤처지는 느낌이 들어 더 초조해지기도 합니다. 어떤 일에 내 모든 정성과 노력을 쏟아부어 멋지게 해내면 묘한 성취감이 들기도 합니다. 하지만 매번 온 힘을 다해 일하고 계속해서 모든 열정을 불태울 수는 없지요. 정신과 의사 안주연의 『내가 뭘 했다고 번아웃일까요』에는 "에너지의 70-80퍼센트 정도만 사용해서 완전히 번아웃이 되지 않도록" 하고 "남은 에너지는 쉼, 즉 재충전에 우선적으로 분배해야" 한다는 말이 나옵니다. 저도 직장생활로 소진된 환자들과 상담을 할 때면 이와 비슷한 말을 하며 항상 '쉼'을 강조했기 때문에 이 책을 읽으며 반가운 마음이 들었어요. 계속 긴장하며 '노오력' 모드로 살다가는 과부하가 걸리고 맙니다. 낮과 낮 사이에 밤이 있는 것처럼 일과 일 사이에는 쉼이 있어야 합니다. 남은 에너지는 지속 가능한 삶을 위해 아껴 두세요.

제가 '적당히' 노력하는 것의 중요함을 알게 된 아주 소소한 경험담을 적어 볼게요. 잠이 많은 제가 대학생 때 처음으로 큰 각오와 결심을 하고(시험 준비를 안 해서 벼락치기를 할 수밖에 없었어요) 밤을 거의 새며 공부한 날이 딱 하루 있었습니다. 잠을 자는 동안 기억을 굳혀야 하는데 잠을 못 자니 공부한 내용이 증발되었을 뿐 아니라 시험 문제를 읽는 도중 꾸벅꾸벅 졸아서 시험을 완전히 망쳤지요. 다음 날 있을 다른 시험 대비도 해야 하는데 너무 졸려서 다음 날까지 정신을 차릴 수가 없었습니다. 걸어다니면서도 정신이 멍하고 땅에 발을 딛는 느낌이 안 나서 마치 몸이 둥둥 떠다니는 듯한 신기한 좀비 체험을 하게 되었어요. 그 후로는 공부를 많이 하지 못했어도 그냥 부족한 대로 시험을 보고 잠을 적당히 자며 무리하지 않으려고 노력했습니다. 자신의 체력과 한계를 받아들이고 적당히 공부했더니 성적도 알아서 적당히 중간 지점을 찾아가긴 하더군요.

한 번쯤은 이렇게 자신의 에너지 레벨을 테스트해 보는 것도 좋다고 봅니다. 때로는 내 열정과 노력을 최대한 쏟아 보는 경험도 필요할 수 있습니다. 자신의 체력과 능력의 한계를 알아야 어디까지 하는 것이 내게 가장 최선인지, 얼마만큼이 '적당'한지 자기만의 적당함의 기준을 세울 수 있습니다. 그 기준을 내가 알고 있어야 어느 선까지 하고 멈출지 스스로 판단할 수 있을 것입니다. 꾸물거리며 요령만 피우고 두루뭉술하게 일한다는 의미의 적당주의와 완벽주의 사이에서 진짜 '적당한' 지점을 찾는 것은 제게도 어렵긴 합니다. 사람마다 완벽의 기준 또한 다르고 한계치도 다르기 때문에 적당한 노력의 정도와 속도를 스스로 찾아야 합니다. 적당하다는 것은 옷을 입었을 때 편안하면서 너무 끼지도 헐렁하지도 않은 자신만의 '베스트 핏' 같은 것입니다. '적당함'이란 주관적 체험으로 얻어야 하는, 애매하지만 주관이 뚜렷한(?) 단어 같아요. 어차피 인간은 완벽할 수 없기에 저는 완벽하다는 말보다 적당하다는 말을 더 좋아합니다. 최선을 다해 완벽에 가까워질 수는 있지만 100퍼센트 '완벽'은 불가능합니다. (완벽이란 '흠이 없는 구슬'이라는 뜻으로 결점이 하나도 없는 상태를 말합니다. '완벽'의 '벽'璧은 옥玉이라는 뜻이지만, 매사 지나친 완벽주의는 '낭비벽'과 같이 지나친 병적 습관을 뜻하는 '벽'癖이 될 수도 있습니다.)

나에게 적당한 일의 수준과 노력의 적정치를 확인하는 것이 내가 조절할 수 있는 내부 요인이라면, 번아웃을 초래하는 외부 요인을 어떻게 풀어 갈지는 상황에 따라 달라질 수 있습니다. 저성장, 인공지능 시대라지만 여전히 효율성, 생산성, 이익을 지나치게 강조한다면 관계에서 오는 행복, 자비와 배려, 이타심 등이 메마른 비인간적 삶이 될 것입니다. 균형 있는 삶에 대한 사회 구성원 모두의 전반적인 공감대가 형성되어야 하겠습니다. 단, 외부 요인 중 부당한 업무 요구, 차별 또는 사내 따돌림과 같은 문제에 있어서는 단호하게 자신의 의견을 주장해야 합니다. 이것은 스스로를 보호하는 정당방위와도 같습니다. 피해자나 희생양이 되기 전에 나의 권리에 대해 알리고 주장하는 것입니다. 나를 지키고 보호하지 않으면 누군가는 나의 경계를 침범하여 마음대로 휘두르려 할 수 있습니다. 이럴 때는 상대의 눈을 바라보며 차분하고 진지하게 나의 생각을 분명히 전달하는 게 좋습니다. 아무렇게 해도 좋다는 식의 태도나 흥분한 상태로는 내가 원하는 것을 정확히 전달할 수 없습니다. 처음에는 어려울 수 있지만 연습하고 시도할수록 자기주장을 하는 것도 점점 익숙해질 것입니다. 만약 내가 할 수 있는 일을 시도했는데도 변화가 없고 스트레스가 너무 심해 괴롭다면 부서 이동이나 이직을, 때로는 일을 그만두는 것도 고려해 볼 수 있습니다.

세상에 하나뿐인 나의 생명이 일보다 소중합니다. 부정적인 스트레스가 만성화되지 않도록 내가 나를 잘 돌보고 보살펴야 합니다. 스트레스의 원인을 찾아 해결하거나 편안하고 즐거운 활동으로 긴장감을 풀어 주어 다시 평정심을 되찾는 자신만의 비법을 찾아보세요. 스트레스가 쌓일 때 꾹꾹 참고 지내다가 내 삶의 에너지가 다 타 버리기 전에 그때그때 스트레스를 태워 버리세요. 그리고 필요할 때에 '단호하게 자기주장'을 하면서 '적당히' 일하는 것이 나를 지키는 길입니다.

함께한 색
★ 안주연, 『내가 뭘 했다고 번아웃일까요』, 창비, 2021.

나의 재능을 찾아서

천재와 바보

사람들에게는 대체로 천재 같은 부분과 바보 같은 부분이 있습니다. 다만 여기서 천재의 기준을 너무 높게 잡아서 생각하지는 말아 주세요. 먼저 저의 천재 같은 부분을 말씀드리자면, 상상력이 조금 뛰어나다는 것입니다. 그렇다고 해서 소설가와 같이 새로운 인물과 세계를 창조하는 문학적 상상력이 뛰어난 것은 아닙니다. 제가 말한 상상력은 다른 사람의 마음을 상상하는 것입니다. 고전문헌학자 배철현은 저서에서 "인간은 타인의 고통을 자신의 고통으로 상상하는 '연민'과 미래에 다가올 고통을 상상하는 '안목'을 통해 생존해 왔다"고 하였습니다. 저는 다른 사람의 마음이 얼마나 아프고 힘들지 상상하는 일을 자주 해 왔기 때문에 비교적 공감을 잘하는 편입니다. 환자와 상담을 할 때 그의 성장 과정은 어땠는지 묻곤 하는데 으레 하는 질문이 아니라 정말 궁금합니다. 개인의 발달 과정과 역사를 알게 되면 현재 그의 상태가 더 이해가 되거든요. 관심을 갖고 이야기를 경청하면서 그의 삶을 한 편의 소설이나 영화처럼 상상해 봅니다. 상상력은 제가 하는 일에 도움이 많이 되는 것 같습니다.

그런데 이 상상력을 잘못 사용하면 공상이나 선입견이 되어 버리는 부작용이 있습니다. 최근 많은 사람들이 비트코인 같은 암호 화폐 투자에 관심을 갖고 있으며 수익을 본 사람도, 손해를 본 사람도 많다고 들었습니다. 제가 뭐든지 조금 느리고 특히 디지털 세상과 거리가 먼 사람이라 비트코인을 한 번도 해(?) 본 적이 없지만, 어디선가 비트코인을 '채굴'한다는 표현을 읽고 혼자 재미있는 공상을 할 뿐입니다. 슈퍼마리오 같은 작은 광부들이 광산에서 황금을 캐내듯이 비트코인을 발굴하는 귀여운 게임 세상 같은 것을 상상하는 것이죠. 물론 그럴 리가 없다는 것은 저도 압니다. 남편한테 저의 상상을 살짝 이야기했더니 어이없어하면서도 슈퍼마리오의 직업은 광부가 아니라 배관공이라는 중요한 지적을 해 주더군요(지금은 은퇴했다고 하더라고요). 비트코인에 대해서는 제가 이렇게 바보입니다. 상상만 하지 말고 직접 해 보면 어떤 것인지 알 수 있을 텐데 관심이 없으니 사실 별로 해 보고 싶지 않아요. 언젠가는 어쩔 수 없이 배워야 할 수도 있겠지만 아마 한다면 가장 마지막에 등 떠밀려 하게 될 것 같습니다. 막차 타는 게 더 위험하다던데…….

　　의대 재학 시절, 장학금을 싹쓸이하던 똑똑한 후배가 있었습니다. 노트 필기도 일목요연하게 잘하고 무얼 물어봐도 차분하고 조리 있게 설명하는 모습이 정말 부러운 친구였어요. 게다가 일도 잘하고 성품까지 온화합니다. 지금은 훌륭한 정신과 의사가 되었고 신앙생활도 성실히 하고 있습니다. 그런데 예전에 그 친구 집에 놀러 갔다가 이런 말을 들었어요. "언니, 학교 다닐 때 공부 잘한 건 다 소용이 없어. 생활에 아무런 도움이 안 되더라." 자기는 살림을 정말 못해서 남편이 집안일을 척척 도맡아 한다며 하소연인지 자랑인지 알 수 없는 말을 하더군요. 시험 문제를 풀 때처럼 가사가 술술 풀리지 않아 스스로는 꽤 답답했던 모양입니다. (하지만 ○○아, 집안일은 잘한다고 해도 장학금을 주지는 않잖아!)

저도 살림'력' 뛰어난 사람이 부럽기는 합니다만, 세상에 완벽한 사람이 어디 있겠습니까? (티브이에는 가끔 그렇게 보이는 사람이 나오긴 하지만요.) 대개 어떤 부분은 유능하고 어떤 부분은 다소 무능하기도 합니다. 무능한 부분에만 초점을 맞추어 스스로를 너무 한심하게 생각할 필요가 없습니다. 또 유능한 부분을 큰 자랑으로 여기며 스스로를 너무 대단하게 생각할 필요도 없고요. 어떤 분야에서 약간의 무식과 무능을 겸비한다면 그 분야의 유식하고 유능한 사람의 도움을 받을 수 있으니 좋지 않은가요? 반대로, 나의 일부 천재적인 재능을 다른 사람을 돕기 위해 사용한다면 서로 도와주며 사는 아름다운 세상이 될 것입니다.

타고난 유능함을 장점이라고 표현할 수도 있지만 어쩐지 장점이라고 말하면 외모와 같이 선천적인 부분을 포함하여 내가 가진 많은 좋은 점 중 한 가지를 뜻하는 것 같아 적당하지 않은 것 같았어요. 또 강점과 약점이라는 표현도 있지만 너무 공격적이고 전투적으로 들려서 별로 마음에 들지 않았습니다. 한편 천재와 바보라는 표현은 주로 초등학교 때 친구들끼리 서로 놀릴 때 쓰던 단어입니다. 저도 초등학생 이후로 잘 사용하지 않던 단어지만 '남을 놀릴 때 쓰지 않고 자기 자신에게 쓴다면 어떨까?' 하는 생각이 들었습니다. 잘하는 부분은 "와, 내가 생각해도 나의 이런 부분은 정말 천재적이야!" 하고 마음껏 칭찬할 수 있고, 부족하고 좀 모자란 부분은 "아이고, 이런 부분은 쫌 바보 같네!" 하며 가볍게 구박하고 넘어가자는 것이지요. 여기서 '바보'는 어리숙하고 순진한 사람을 친근하게 부르는 말입니다. 혹시 욕이나 비난하는 말로 들려서 상처를 줄 수 있으니 다른 사람에게는 사용하지 않으시길 바랄게요.

'천재'의 사전적 의미는 '타고난 뛰어난 재능 또는 그러한 재능을 가진 사람'입니다. 일반적으로는 아인슈타인과 같이 범접할 수 없는 탁월한 능력의 소유자를 천재라고 부르지만, 우리에게도 하늘이 준 뛰어난 재능이 하나쯤은 있지 않나요? 그 재능이 세상을 움직이고 우주의 비밀을 밝힐 정도는 아니더라도 그 능력으로 누군가를 돕거나 선한 영향을 줄 수 있다면 충분히 뛰어난 재능이라고 생각합니다. 혹시 자신의 뛰어난 부분이 무엇인지 아직 모르겠다면 '나'라는 광산을 탐사하며 창조적으로(!) 천재성을 채굴해 보세요. 여러분의 마음 안에서 비트코인보다 훨씬 더 값지고 세월이 흐를수록 더욱 빛을 발할 원석을 발견하게 될 것입니다. 남들과 비슷하지 않은 나만의 독특한 점, 내게 있는 작지만 좋은 습관이 천재성의 씨앗일지도 모릅니다. 있는 그대로 나를 바라보고 유능한 부분을 잘 다듬어서 내가 할 수 있는 범위 안에서 자신 있게 활용하면 됩니다. 부족한 부분에 대해서는 다른 사람들의 도움을 받을 수도 있고 또 필요하면 배워서 익히면 되는 것입니다.

"여러분은 어떤 부분에서 천재적인가요?"

저는 비트코인보다 이것이 더 궁금합니다.

삼깨한 책
★ 배철현, 『승화』, 21세기북스, 2021.

내면을 들여다보는
　　　　　　　용기

성숙한 인격

정신적으로 더 성장하면 자신의 한계를 알면서도 있는 그대로 인정하며 자신을 더 소중히 여기게 됩니다. 나를 소중하게 생각한다고 해서 나에 대해 항상 좋게 생각하거나 늘 긍정적인 감정만 느끼는 것은 아닙니다. 부족한 점도 있지만 내가 가진 좋은 점들을 생각하며 자기 자신을 균형 있게 바라보는 것입니다. 나의 과거가 현재에 어떻게 영향을 주었는지 성찰하고 주변 환경과 세상에 대해서도 밝은 면과 어두운 면을 동시에 바라봅니다. 현실을 수용할 수 있을 때 우리는 미래를 향해 나아갈 용기를 낼 수 있습니다. 세상에 나를 드러내고 세상 속에서 내가 할 수 있는 일을 찾아가게 됩니다.

왜곡된 자아상과 관점을 바로잡으며 자신을 바르게 보는 것, 자신을 편안하게 대하고 자유롭게 받아들이며 나답게 살아가고자 하는 것을 '정신적 성장'이라고 본다면, 그 후에 우리는 어떤 방향으로 더 나아가야 할까요? 진료실에서의 작업은 대체로 병적인 증상이나 불편한 마음에 대한 통찰과 치료, 그리고 정신적 성장을 목표로 합니다. 필요한 경우가 아니라면 도덕적 가치관을 살펴보거나 영성에 대한 이야기를 꺼내거나 하지는 않습니다. 주로 감정 상태에 초점을 맞추어 심리적 탐색을 하지요. 하지만 진료실 밖에서라면 정신적 성장 너머에 무엇이 있을지 함께 이야기할 수 있지 않을까 생각하여 조심스럽게 용기를 내 봅니다. 과연 저에게 성숙한 인격과 더 높은 가치를 이야기할 자격이 있는지 의문이 들기도 합니다. '나의 생각과 글이 나의 삶과 일치하는가'는 앞으로 살면서 저의 숙제가 되겠지요. 그러나 죄인일 때도 나를 사랑하신 예수님의 사랑이 앞으로 제가 그릇된 길로 갈 때마다 바른 길로 인도해 주시리라 믿습니다.

정신적 성장 이후에 우리는 자기 자신을 더 잘 사

랑할 수 있게 되고 비로소 타인을 더 잘 사랑할 수 있게 됩니다. 자기중심적인 모습에서 자아를 점점 더 확장할수록 성숙한 인격이 되어 간다고 봅니다. 여기서 제가 말하는 인격은 '사람으로서 갖는 품격'을 말합니다. 어떤 사회심리학자들은 인격이란 것이 평생 고정적인 것이 아니라 "늘 움직이면서 서로 다른 심리적 작동 체계 사이에서 균형을 찾으려는 상태"라고 말합니다. 마치 저울처럼 순식간에 한쪽으로 기울기도 하고 천천히 왔다 갔다 하기도 하는 것이지요. 이 저울의 움직임은 우리 내면의 목소리뿐 아니라 여러 가지 외부 상황의 영향을 받을 수밖에 없습니다.

어떤 사람의 인격이 도덕적으로 훌륭하다고 판단하려면 그 사람이 삶 전반에서 비교적 일관되게 바른 생각과 말과 행동을 보여 주었는지 알 수 있어야 합니다. 지금까지 대중에게 보여진 모습은 모두가 존경할 만한 인격이었는데 한순간 바닥으로 추락하는 사건들을 보면 우리가 생각하는 인격이란 것이 얼마나 쉽게 변하고 믿을 만한 것이 못 되는지 깨닫게 됩니다. 팀 켈러 목사는 "내면 생활에 우선순위를 두지 않는 한, 백이면 백 위선에 빠지고 만다"고 단언했습니다. 위선자들은 죄책감과 양심을 외면한 채 자신의 잘못을 합리화하고 정당화합니다.

'페르소나'란 고대 그리스에서 배우들이 연극을 할 때 쓰던 가면으로, 현대에 와서는 사회적 역할에 따른 이미지를 뜻하기도 합니다. 페르소나와 자신의 본래 모습이 차이가 많이 날수록 페르소나를 유지하는 데 에너지가 많이 들고 높은 긴장감 속에 생활하게 됩니다. 화려하게 수놓은 옷일수록 안쪽이 거칠고 어수선한 것처럼, 가면 속 우리 내면은 더 복잡하고 불편해질 수 있지요. 또 맡은 역할이 마음에 든다고 해서 그 페르소나에 지나치게 집착한다면 원래 자신의 모습을 잃어버릴 수도 있습니다.

몇 년 전 샌프란시스코 미술관인 리전 오브 아너 Legion of Honor에서 '프시케의 목욕'이라는 아름다운 작품을 보았습니다. 프시케는 에로스의 부인이 된 공주로서, 아프로디테 여신의 질투를 받을 정도로 매우 아름다웠다고 합니다. 제가 이 그림에 끌렸던 것은 곱고 아름다운 여인의 자태 때문만이 아니라 주인공 프시케 때문이었습니다. '프시케'Psyche는 정신을 뜻하는 단어의 어원이기도 하고(고대 그리스어로 나비를 뜻하기도 합니다) 마음과 영혼을 의미하기도 하지요. 직업이 정신과 의사psychiatrist라 그런지 프시케가 자연스럽게 인간의 정신으로 떠올랐습니다.

그림 속의 프시케는 부드럽게 온몸을 감싸고 있던 드레스를 벗고 몸을 씻으려고 합니다. 그녀는 수면에 비친 자신의 모습을 지긋이 바라보고 있습니다. 가느다란 발목과 날렵한 발뒤꿈치가 향하는 곳에는 묵직하고 둥그런 항아리가 놓여 있어 균형을 이루는 것 같습니다. 배경의 하얗고 매끈한 대리석 기둥은 프시케의 몸처럼 곱고 우아하며 프시케의 발치에 물 흐르듯 흘러내린 금빛 천은 관능적이고 아름답습니다. 프시케는 맨몸으로 홀로 서 있습니다. 옷은 대개 그 사람이 하는 일이나 직위, 계급, 신분 등을 나타냅니다. 프시케는 지금 모든 것을 벗어 버린 날것의 자기 자신과 마주합니다. 페르소나가 아닌 진짜 자기 모습을 보고 있습니다. 맨몸의 '맨'은 다른 것이 없다는 뜻이므로 '정신'이자 '영혼'이라는 이름을 가진 프시케는 '맨 정신'으로, 거짓 없이 또렷한 정신으로 제 앞에 서 있는 것 같았지요.

    프시케는 말갛게 씻은 듯한 얼굴을 하고 있지만 그림 속에서 이제 막 목욕을 시작하려는 듯 보입니다. 어떤 심리학 연구에 의하면, "비윤리적 행동을 회상하거나 그에 관한 글을 써야 했던 참가자들은 그렇지 않은 참가자들에 비해 나중에 비누나 세제 등을 더 많이 구입"했으며 "직감적으로 '씻어야' 할 것 같은 기분을 느꼈다"고 합니다. 불결한 느낌과 죄책감을 씻어 내기 위해 몸을 씻는 것이지요. 성경에도 예수님을 십자가에 못 박게 한 빌라도가 사람들 앞에서 손을 씻으며 자신은 죄가 없다고 말하는 장면이 나옵니다. 도덕적 정결함과 육체적 청결함은 서로 관련이 있습니다. 프시케가 목욕을 하는 것은 몸뿐 아니라 마음도 깨끗해지기 위한 행동일 수 있습니다.

프시케는 무엇 때문에 죄책감을 느꼈을까요? 이것은 화가의 진짜 창작 의도와는 상관이 없는 저만의 생각입니다만, 아무튼 전해지는 신화의 내용은 이렇습니다. 아프로디테 여신은 프시케를 질투하여 아들인 에로스에게 프시케가 가장 추한 생물과 사랑에 빠지게 하라는 명령을 내렸습니다. 그러나 에로스는 프시케를 사랑하게 되었습니다. 그는 프시케를 자신의 궁전에 신부로 데려왔으나 자신의 정체를 알리지 않고 자신의 모습을 보지도 못하게 합니다. 한편 프시케는 언니들의 말을 듣고 남편을 괴물로 의심하게 됩니다. 어느 날 밤 그녀는 램프와 단도를 들고 에로스의 얼굴을 확인하려다 그만 그의 어깨에 뜨거운 기름을 한 방울 떨어뜨리고 맙니다. 배신감을 느낀 에로스가 프시케를 떠나 버리고 프시케는 그를 찾기 위해 아프로디테에게 찾아갑니다. 아프로디테는 프시케에게 네 가지 불가능한 일을 시켰는데 프시케는 에로스를 만나기 위해 그 일에 도전하다가 결국 죽음의 수면에 빠집니다. 그러나 이를 알게 된 에로스가 그녀를 다시 살려내어 프시케는 신과 같은 존재가 되었고 볼룹타스(희열, 기쁨)라는 딸을 낳았다는 해피 엔딩 스토리입니다.

만약 프시케가 신의를 저버리지 않았더라면 죽을 고생을 하며 남편을 찾아다니지 않아도 되었을 것입니다.

프시케는 남편을 찾는 내내 자신의 불신과 의심, 호기심을 자책했겠지요. 남편을 의심하여 칼을 들었던 끔찍한 기억을 떠올리며 자신의 몸을 깨끗이 씻어 내고 싶었는지 모릅니다. 저는 그런 프시케의 모습에서 자기 잘못을 후회하며 죄를 씻어 내고 해결하기 위해 노력하는 인간의 '양심'을 떠올렸습니다.

정신이라는 것은 눈에 보이지 않지만 우리는 밖으로 드러나 보이는 그 사람의 말과 행동, 일관된 삶을 통해 그 사람의 정신과 마음을 미루어 짐작할 수 있습니다. 하지만 누군가 자신의 실제 모습은 숨기고 그럴듯하게 포장한 모습만 보여 준다면 그가 정말 어떤 사람인지 알기가 어렵습니다.『뇌 과학이 인생에 필요한 순간』에서 저자는 뇌가 행동을 의식적으로 조절할 수 있다는 것은 희망이지만 동시에 비극이라고 하였습니다. 우리의 뇌가 상대를 속이는 가식적인 행동을 하게 할 수 있기 때문입니다. 보여 주고 싶은 모습이 아니라 있는 그대로의 나의 모습을 숨김없이 드러낼 때 우리는 자유로움을 느낍니다. 아무것도 걸치지 않은 맨몸으로 물에 비친 자신의 모습을 바라보는 프시케처럼, 우리는 가면도 가식도 없는 진짜 자신의 모습을 볼 때 비로소 겸손을 배우게 됩니다.

정신 치료나 상담이 '나를 알아 가는 길'의 출발점

에 서 있는 사람을 정서적으로 지지해 주고 잠시 동행할 수 있지만 평생 함께 걸어갈 수는 없습니다. 그 후에는 홀로 자신과 마주하며 스스로에 대해 더 깊이 알아 가야 할 것입니다. 자기 마음을 잘 들여다보며 마음속 진실을 추구하고자 노력한다면, 포장하거나 숨길 것 없는 자연스러운 삶에 가까워질 수 있을 것입니다. 사는 동안 자신의 인격을 다듬어 가는 것은 우리 각자의 몫이겠지요.

때로는 부끄러운 실수도 하고 큰 잘못을 저지를 때도 있지만 프시케처럼 그것을 인정하고 바로잡으려고 노력한다면 더 성숙한 인격이 될 것입니다. 잘못을 합리화하고 왜곡하거나 약자에게 덮어씌우는 것은 죄책감에서 벗어나는 쉽고 편한 방법이지만 동시에 인격의 밑바닥을 보이는 방법이기도 합니다. 진실하고 정직하게 자신의 실수와 잘못을 인정하고 더 나은 방향으로 살아가기 위해 자신이 할 수 있는 일을 하는 것, 이것이 마음과 영혼을 깨끗하게 하는 목욕이라고 생각합니다.

다시 '목욕하는 프시케' 그림으로 돌아가 물 항아리를 봅니다. 우리의 마음 그릇 안에는 감정과 생각이 차 있고 이리저리 움직이다 서로 부딪히기도 합니다. 그 마음 그릇에 오랜 시간 동안 수많은 경험들이 쌓이고 채워지며 인격이 형성되지만, 인격이란 것은 항아리 속에 가득 찬 물처럼 조금만 기울여도 순식간에 쏟아지기 마련입니다. 중심을 잘 잡아서 마음 그릇을 지키고 정신을 맑고 깨끗하게 유지하기란 한 번의 통찰과 깨달음의 순간으로 이루어지는 것이 아닙니다. 자신을 거울에 비추어 보고 목욕하는 습관처럼 꾸준히 지속해야겠지요. 같은 실수를 반복하고 넘어지더라도 다시 일어나서 마음을 씻어 내면 됩니다. 어제 목욕을 했지만 오늘 또 하는 것처럼요.

자기 자신에 대해 어느 정도 알게 되는 것만 해도 사실 오랜 시간이 걸립니다. 그리고 정신 치료를 받았다고 해서 자신에 대해 잘 안다고 말할 수도 없습니다. 피조물인 인간이 아무리 지혜로워도 인간의 정신을 완전히 다 알 수는 없습니다. 다만 진짜 자기 자신에 대해 더 알고 싶어 하고 지금보다 더 나은 사람이 되고 싶어 하는 여러분을 온 마음 다해 응원합니다. 저 또한 그렇게 성장하고 싶습니다. 밖에서 보기에는 늘 제자리인 것 같아도 우리의 내면은 계속해서 성장합니다. 동그란 마음을 닮은 마리모처럼 말입니다. 용기 있게 자신의 내면을 들여다보는 사람은 자신을 바로 알게 되는 정신적 성장을 넘어 인격적으로, 영적으로 더 성장하는 '기쁨'을 맛볼 수 있을 것입니다.

함께한 책
★ 데이비드 데스페노, 피에르카를로 발데솔로, 『숨겨진 인격』, 김영사, 2012.
★ 팀 켈러, 『팀 켈러의 기도』, 두란노, 2017.
★ M. 그랜트, J. 헤이즐, 『그리스 로마 신화 사전』, 범우사, 1993.
★ 김대수, 『뇌 과학이 인생에 필요한 순간』, 브라이트, 2021.

3부

예술의 아름다움과 즐거움

예민한 감수성의
기쁨과 슬픔

음악이 주는 위로

코로나19 유행으로 사람이 많은 곳을 피하다 보니 혼자 산책 삼아 동네 뒷산에 가는 것을 즐기게 되었습니다. 숲은 생명의 소리와 빛깔로 가득합니다. 운이 좋으면 이 나무 저 나무로 바쁘게 돌아다니는 청설모 가족도 볼 수 있고, 멋쟁이 산까치와 야무진 딱따구리, 예쁜 소리만 들리는 종달새도 만날 수 있습니다. 봄에 꽃이 활짝 핀 벚나무 아래를 지나다 보면 '축복'이란 단어가 아름다운 꽃이 되어 피어난 것 같습니다. 옹기종기 모여 있는 종지나물꽃, 작고 하얀 리본을 매단 듯한 귀여운 바위취꽃을 보면 저절로 사진을 찍게 되지요. 여름에는 풀잎과 나뭇잎들이 맑은 햇빛을 담뿍 받고서 온갖 초록빛을 자랑합니다. 가을이면 선선한 가을바람에 사과처럼 얼굴이 붉어진 산을 볼 수 있습니다. 사람들의 옷차림이 점점 두툼해질수록 나무는 가장 가볍게 자신을 비웁니다. 추운 겨울에는 부피감도 사라지고 색도 지워지고 결국 나무의 본질만이 드로잉 선처럼 가느다랗게 남습니다. 산은 고맙게도 계절마다 새로운 모습을 보여줍니다.

그럼에도 불구하고 참 답답했습니다. 직장을 그만둔 터라 장을 보기 위해 나가는 것을 제외하고 굳이 외출을 하지 않아도 되었거든요. 문득 피아노 학원에 다니는 아이가 부러워졌습니다. 아이에게 엄마가 같은 피아노 학원에 다녀도 괜찮겠냐고 묻자 엄마랑 같이 다니긴 조금 '고추장스럽다(?)'며 농담인 듯한 진담을 하더군요. 그래서 집 근처에 있는 학원을 두고 조금 멀리 떨어진 곳에 있는 성인 대상 피아노 학원을 다니기로 했습니다. 초등학교 때 피아노를 그만두고 나서 어른이 되어 피아노 학원을 다시 다니려니 설레었습니다. 그동안 몰랐는데 피아노에 대한 마음이 남아 있었나 봅니다. 손이 굳고 거칠어진 나이에 피아노를 배우니 몸이 안 따라 주는 게 좀 아쉽기

하지만, 지금이라도 배우지 않았더라면 베토벤의 비창도 모르고 살 뻔했습니다. 피아노 소리가 이렇게 예쁘고 잔잔한 기쁨을 주는 줄 마흔 살이 되어서야 깨닫게 되었습니다. 피아노는 아름다운 흑과 백의 건반이 반복되는 패턴이 참 단정하고 아름답습니다. 건반을 누르면 건반에 연결된 해머가 금속으로 된 줄을 건드려 소리를 냅니다. 피아노 소리는 겨울 담요처럼 부드럽고 따뜻하면서도 얼음물처럼 청량하고 힘이 있습니다.

피아노로 연주하는 음악이 일관된 주제 안에서 자연스럽게 변화와 통일을 이루며 왼손과 오른손의 상호 보완적인 협연을 들을 때면 마치 제가 좌뇌와 우뇌가 서로 합력하여 선을 이루는 매우 조화롭고 안정적인 인간이 된 듯한 느낌이 듭니다. 어떤 음악은 우리 마음이 기쁠 때 더 기쁘게 해 주고, 슬플 때는 슬픔을 더 깊이 느끼게 해 주는 것 같습니다. 때로는 말로 어떻게 표현해야 할지 잘 모르는 마음을 절묘하게 반영해 주고 나의 감정을 어루만져 줍니다. 드라마나 영화를 볼 때 아무런 대사가 없어도 배경 음악의 분위기만으로도 배우의 마음을 짐작하곤 하지요. 우리는 음악이라는 비언어적 대화를 통해 마음과 마음을 잇댈 수 있습니다.

오랫동안 서정적인 피아노곡이 주는 위로를 잊고

살았습니다. 감수성 풍부한 사춘기 고등학생 시절, 카세트테이프로 유키 구라모토나 조지 윈스턴의 연주를 많이 듣던 기억이 납니다. '서정적'이라는 것은 주관적인 감정과 느낌이 담겨 있고 또 듣는 이로 하여금 풍부한 정서를 불러일으킨다는 뜻입니다. 언제부터인가 서정적이고 듣기 편안한 피아노곡을 요가나 명상 음악으로 사용하면서 사람들이 그것을 뉴 에이지 음악이라 부르고 있습니다. 사실 뉴 에이지 음악이 무엇인지 명확히 정의하기도, 그에 따라 분류하기도 어렵습니다. 신비주의 종교, 범신론적 음악이라는 선입견을 가진 분들도 있습니다만, 저는 차분하고 다소 구슬픈 느낌을 주는 아름다운 뉴 에이지 음악도 좋아합니다. 고요한 내면의 호수에 추억 조각을 하나하나 띄워 놓고 애틋하게 감상하는 느낌이 듭니다. 이런 느낌을 멜랑콜리하다고 해야 할까요?

멜랑콜리는 고대 그리스에 존재했던 4체액설과 관련된 단어로, 검은색을 의미하는 그리스어 '멜랑'melan과 담즙을 의미하는 '콜레'chole의 합성어입니다. 현대 정신의학에서는 '흥미나 즐거움을 상실한 증상'을 뜻하는 용어로 사용하고 있지만, 르네상스 시대에는 이러한 상실과 슬픔의 정서를 '예술적 창조성의 원천'으로 보기도 했습니다. 사진작가 강운구는 "시간 앞에 서글프지 않은 것은 없다"는 명언을 남겼다지요. 나이가 든다는 것은 좋은 점도 있지만 한편으론 죽음에 더 가까워진다는 뜻이기도 합니다. 언제부턴가 해마다 돌아오는 생일이 마냥 기쁘지만은 않고 시간이 점점 더 빨리 흐르는 것 같아 무척 아쉽습니다. 살다 보면 그런 생각에 잠기는 순간이 있지요.

참고로 우울증의 한 종류인 멜랑콜리아형 우울증은 큰 스트레스 유발 사건 없이도 발생한다는 면에서 환경적 요인보다 생물학적 요인이 더 관련 있다고 봅니다. 다른 유형에 비해 새벽 일찍 깨거나 아침에 특히 우울 증상이 심하고 식욕 저하, 체중 감소 등의 특징을 보입니다. 아침의 증상 악화는 호르몬 변화와 관련 있는 것으로 알려져 있고 사계절의 변화가 크거나 일조량이 적은 나라에서 많이 발생하는 경향이 있습니다. 어찌 보면 멜랑콜리하다는 것은 빛과 시간에 대한 높은 감수성과 관련 있는 것도 같습니다. 멜랑콜리는 사라지는 시간과 죽음, 상실감에 대해서 매우 민감하게 느끼는 상태가 아닐까요? 우리의 무의식이 짧은 인생을 어떻게 보낼지 깊이 생각해 보라고 말을 건네는 것인지도 모릅니다.

혹시 멜랑콜리한 기분이 다소 불편하게 느껴진다면, 우선 어떤 자극으로부터 어떻게 시작되었는지 한번 살펴보세요. 그저 이유를 알 수 없는 무겁고 슬픈 기분이라면, 잠시 그 마음을 달래 주세요. 때로는 멜랑콜리한 음악이 나의 감정과 공명하며 위로가 될지 모릅니다. 나를 지지해 주는 가족이나 편한 친구에게 지금 자신의 기분에 대해 이야기해 볼 수도 있습니다. 기분 자체는 옳고 그름이 없으며 보통 시간과 함께 자연스럽게 흘러가고 변하기 마련입니다. 그런데 우리는 대체로 기분이 좋고 행복한 순간에는 그것을 느끼는 '나의 존재'에 대해 궁금해 하지 않습니다. "나는 왜 이렇게 기쁜 거지?" 하고 묻고 또 묻지 않습니다. "나는 세상에 왜 태어났을까?"를 집요하게 묵상하지 않습니다. 평소에는 '존재의 이유'에 대해 깊이 고민하지 않다가 혹시 멜랑콜리한 기분을 느낄 때만 "나는 왜 이렇게 기분이 가라앉을까? 무엇 때문에 살아야 하는 걸까?" 하며 스스로 몰아세우고 비난하지 않나요? 서글픈 마음에 압도되어 자기 연민이 자칫 자기 혐오나 허무주의로 이어지지 않았으면 좋겠습니다. 대신 나에게 맞는 '승화'의 방법이 무엇인지, 기분을 전환할 수 있는 나만의 스위치가 무엇인지 한번 고민해 보면 좋을 것 같아요. 기쁨은 기쁨대로, 서글픔은 서글픔대로 충분히 느끼고 나서 "이제 안녕, 잘 가" 하며 보내 주세요.

자극에 대해 민감하게 느끼는 것은 우리 사회에서 유약함으로 치부되기 쉽습니다. 하지만 예민한 감수성은 세상을 범범하게 보지 않도록 안목을 다듬어 줍니다. 이별의 아픔에 민감하다면 생명과 사랑을 더 애틋히고 소중히 여기게 됩니다. 감수성은 세상에 숨겨진 아름다움을 찾아내는 마음속 예술가일지 모릅니다. 감수성은 유한한 인생 너머 영원한 생명을 주시는 예수님을 바라보게 하는 전도자 역할을 해 줄지도 모릅니다. 그러니 감수성이 시들지 않도록 소중히 대해 주세요. 자신을 존중해 주세요.

하지만 지속적으로 우울감이 심해 평상시 잘 해내던 일상생활에 지장이 생기는 것은 다른 문제입니다. 우울감 외에도 식욕과 수면 습관에 변화가 생기거나 무력감, 불안감, 죽음에 대한 생각 등 다른 증상이 동반된다면 당연히 가까운 정신건강의학과에서 진료를 꼭 받으셔야 합니다. 우울증은 질환이고 약물 치료로 좋아질 수 있습니다. 치료받는 것을 두려워할 필요가 없습니다. 치료를 안 받는 것이 오히려 더 위험합니다.

아무튼 코로나19의 위력은 무섭고 대단합니다. 안타깝게도 감염 후 여전히 후유증을 앓고 있는 사람들도 있고 사랑하는 가족과 사별한 사람들도 있습니다. 많은 사람이 일자리를 잃었고 서로 만나지 못했습니다. 자유로웠던 일상에 제약이 생기고 함께 누릴 수 있는 생활공간이 좁아졌습니다. 하지만 가만히 지난날을 돌아보니 코로나로 모든 것이 움츠러들기만 한 것은 아니었습니다. 마스크로 코와 입을 가리다 보니 더 유심히 보고 귀 기울여 듣게 되었습니다. 상대방과 눈을 맞추며 더 찬찬히 보게 되었고 매일 달라지는 산의 표정을 느끼게 되었습니다. 집 안에서 가족들과 더 많은 시간을 보내며 가족의 소중함을 깨닫게 되었습니다. 10년 동안 굳게 닫혀 있던 피아노를 열어 보았더니 판도라의 상자 속 희망처럼 음악이 거기 있었습니다. 덕분에 메말라 있던 감수성이 살아나서 저도 모르게 자유 연상을 하며 글을 쓰게 되었네요. 코로나로 잃어버린 시간과 자유, 소중한 것들을 생각하면 서글퍼지지만 음악이 여러분에게도 작은 위로가 되었으면 좋겠습니다.

함께한 책
★ 윤광준, 『심미안 수업』, 지와인, 2019.

느리더라도
　　　　한 걸음씩

백조와 오리

하…… 다시 피아노를 시작한 지 몇 달밖에 안 되었으면서 왕초보인 제가 피아노에 대해 이러쿵저러쿵 진짜 말이 많았네요. 게다가 앞의 글을 쓴 뒤로 사실 피아노 레슨도 그만두었답니다. 저를 너무 잘 아는 남편은 이미 예상했던 일이라고 하네요. INFP. 다양한 관심으로 여러 가지 일을 벌이지만 마무리가 잘 안 된다는……. 이런, 제 얘기를 누가 이렇게 잘 정리해 놓은 건가요? 이래서 MBTI를 미워할 수가 없네요. 그래도 삶의 즐거움과 배움의 기쁨을 위해 피아노 레슨을 꼭 받아 보시라고 여러분께 권유해 드리고 싶어요. 레슨을 받으면 선생님 앞에서 자기의 연습량을 드러낼 수밖에 없기 때문에 연습을 꼭 해야 한다는 압박이 있더군요. 덕분에 실력이 확실히 늡니다.

피아노가 좋다고 하면서 이런저런 이유와 핑계로 그만두게 되는 건 아무래도 삶의 우선순위에서 밀리기 때문인 것 같습니다. 음악을 정말 사랑해서 힘들어도 도저히 그만둘 수 없다는 마음이 있어야 계속 연주할 수 있나 봅니다. 저는 취미로 피아노를 배우다 중단한 아마추어지만 그래도 그 몇 달의 피아노 레슨 덕분에 피아노의 아름다움에 마음과 귀가 조금 열린 것 같아요.

송은혜의 『음악의 언어』라는 책에 이런 내용이 나옵니다. "아마추어든 전문가든, 음악을 시작하는 순간 백조와 같은 삶이 자신 앞에 놓여 있음을 알아야 한다. 겉으론 고아해 보이지만, 물 밑에서는 쉬지 않고 발을 동동거리며 살아야 하는 인생이 시작되었다는 뜻이다. 놀아도 노는 게 아닌, 마음 한구석에 '연습해야 하는데……'라는 부채 의식을 평생 안고 사는 삶." 우리는 모두 음악을 사랑할 수 있지만 타고난 재능은 차이가 있습니다. 항상 누군가는 나보다 더 재능이 있습니다. 정말 부럽기도 하지만 그들이 제자리에 멈추어 있지 않기 위헤 얼마나 부단

한 노력과 연습을 했을까요? 완전 초보인 저도 일주일만 피아노를 안 쳐도 그 소소한 실력이 더 줄어들더라고요. 연습을 안 하면 배우기 전의 상태로 금방 돌아갑니다.

어느 날 피아제가 학생들에게 이렇게 물었다고 합니다. "자네들이 물에 빠지면 살아남기 위해 어떤 방법이 가장 좋을 것 같은가?" 학생들은 뭔가 기발한 방법이 있을까 고민했을지도 모릅니다. 하지만 피아제는 "헤엄을 치고 방향을 잡아야 해. 앞으로 나아가야지. 그렇게 해야 몸을 가눌 수 있어. 그렇게 하면 좀 더 앞으로 나아갈지도 모르지. 앞으로, 꾸준히 나아가는 것 그리고 한 자리에 머물려고 하지 않는 것, 그게 바로 발달에서의 평형이라네"라고 말했습니다.

이 이야기를 읽고 처음에는 헤엄을 친다는 점에서 백조와 같은 삶을 사는 악기 연주자가 떠올랐습니다. 무대 아래서 항상 쉼 없이 연습하는 연주자들, 음악을 사랑해서 평생 꾸준히 연습을 해야 한다는 부담감을 스스로 선택한 음악가들 말입니다. 그런데 다시 천천히 읽어 보니, 피아제는 '방향을 잡고' 앞으로 나아가는 것이 인간의 발달이고 성장이라고 말합니다. 태어나서 자라며 끊임없이 변화하고 성숙해지는 발달의 과정은 각자의 자리에서 방향을 잡고 조금씩이라도 나아가는 것입니다. 무조건 빠르게 멀리 헤엄쳐야 발달에 성공하는 것은 아닙니다. 어떤 경우에는 오히려 몸에 힘을 빼고 부력을 이용하는 생존 수영이 필요할 수도 있으니까요.

아직 가야 할 방향을 정하지 못했거나 방향이 달라진 것 같아도 괜찮습니다. 모두가 같은 방향이 아니어도 괜찮습니다. 인생이 같지 않으니 가는 방향도, 속도도 다 다른 모습일 수 있습니다. 내가 지금 있는 곳에 잠시 멈추어 서서 고민하고 헤매다 보면 마음이 가는 방향이 새로 생길 수도 있습니다. 아예 그 자리에 머무르는 것이 아니라 더 멀리 가기 위해, 또는 나에게 맞는 길을 가기 위해 힘을 빼고 쉬어야 할 때도 있습니다. 때로는 걸음을 멈추었을 때 불어오는 따스한 바람이 우리에게 영감을 줄지도 모르니까요.

다른 사람들보다 더 빨리 뛰어가거나 더 높이 날아가지 않아도 괜찮다고 생각합니다. 너무 심각하지 않게, 가벼운 마음으로 산책길을 걷듯이 느리더라도 자신이 택한 방향으로 한 발 한 발 걸어가면 됩니다. 길을 가다 예쁜 꽃을 만나면 사진도 찍고 새소리가 들리면 잠깐 멈추어 감상도 하고요. 괜히 남과 비교하여 나만 늘 제자리에 있는 것 같다고, 나만 계속 멈추어 있는 것 같다고 겁먹고 포기하지 마세요.

저는 백조처럼 빛나는 음악가들을 정말 존경합니다. 그들은 자신의 한계에 도전하며 아름다움에 더 높이 다가가려고, 더 깊은 정서까지 표현하려고 끝없는 경주를 합니다. 닿을 수 없는 경지에 오르기 위해 평생 쉬지 않고 연습을 지속하며 음악을 삶의 최우선순위에 놓은 이들입니다. 그래서 훌륭한 연주를 들으면 가슴이 뭉클해지고 겸손해집니다. 그들이 다듬고 다듬어 들려주는 음악의 언어가 나의 마음을 채우는 순간, 내가 모르던 또 다른 세계가 있음을 깨닫게 됩니다.

저는 우아한 백조의 삶보다는 그냥 평범하고 마음 편한 오리의 삶을 택하렵니다. 피아노 레슨을 그만두는 핑계가 참으로 길었네요. 예술에 헌신하지는 못하지만 여기저기 기웃거리면서 백조를 동경하는 오리의 삶도 나쁘지 않은 것 같습니다. 음악가들 덕분에 삶의 아름다움을 더 많이 느낄 수 있어 행복하고 감사합니다. 이상 백조를 사랑하는 오리였습니다. (꽥꽥!)

함께한 책
★ 송은혜, 『음악의 언어』, 시간의흐름, 2021.
★ 윌리엄 데이먼, 『무엇을 위해 살 것인가』, 한국경제신문, 2012.

희망을 건네는
　　　　　기술

함께 손잡고 벽을 넘는 것

도종환 시인은 「담쟁이」라는 시에서 담쟁이가 절망의 벽 앞에서 서두르지 않고 함께 손을 잡고 올라간다고 말합니다. 물 한 방울 없고 씨앗 한 톨 살아남을 수 없는 벽을 결국 푸르게 덮는다고 노래합니다. 그 시를 처음 읽었을 때 작은 담쟁이 잎이 함께 벽을 넘자고 제게 손을 내미는 것 같아 가슴이 벅차올랐습니다. 그 이후로 담벼락의 담쟁이를 만나면 이전과는 다른 특별한 애정을 느낍니다. 자세히 보면 갈라진 끝부분과 크기, 색깔 등 똑같이 생긴 잎이 하나도 없고 벽을 붙잡고 있는 덩굴손은 꼭 작은 도마뱀의 발가락처럼 생겼습니다. 무수한 잎이 함께 벽을 오르며 벽 전체를 초록으로 물들이는 그 생명력은 볼 때마다 무척 감격스럽습니다.

 시인의 언어는 위대합니다. 시인이 언어로 풀어낸 사물에 대한 관찰력과 통찰력은 작은 관심에서부터 시작하는 것 같습니다. 시의 언어는 담쟁이를 볼 때 '담쟁이구나' 하고 그냥 넘어갔던 저를 완전히 바꾸어 놓았습니다. 이제 담쟁이를 볼 때마다 절망의 벽 앞에서 그저 고개를 떨구지 않고 벽을 오르는 '용기'를 떠올리고 다른 이들과 함께 가는 '연대'를 생각합니다. 담쟁이는 제게 멋진 '희망'의 아이콘이 되었습니다.

 그런 사랑스러운 담쟁이를 그려 보고 싶었습니다. 오래전 미술 학원에 다니며 이런저런 그림을 그려 보았지만 담쟁이 그림은 구상만 하다가 결국 그리지 못했습니다. 하나님이 창조하신 자연의 아름다운 초록빛을 서툰 솜씨로 그리면 너무 촌스러울 것 같았거든요. 제 실력으로는 담쟁이의 푸르름과 당당함을 종이에 다 담을 수가 없을 것 같았습니다. 그때 만약 담쟁이처럼 용기를 내어 불가능의 벽을 넘고 끈기 있게 그림을 그렸더라면 지금쯤 아주 멋진 담쟁이 그림을 그렸을지도 모르는데 말입니다.

취미 생활을 시작하는 것은 잘하지만 벽을 만나면 다른 취미로 옮겨 가는 저는 담쟁이에게 뚝심을 배워야 할 것 같네요.

　　　피아노 레슨을 한창 받던 1년 전쯤에는 이루마의 피아노곡 'River Flows in You'에 푹 빠져 있었습니다. 혹시 들어 보셨나요? 아직 안 들어 보셨다면 강을 상상하며 한번 들어 보세요. 강물이 정말 마음속으로 밀려 들어오는 것 같습니다. 어른이 되어 피아노를 배우는 것의 장점은 좋아하는 곡을 골라서 배울 수 있다는 점입니다. 유튜브로 이루마의 연주를 반복해서 듣고 선생님께 레슨 받은 대로 열심히 연습해서 물 흘러가듯 부드럽게 연결하여 칠 수 있게 되었습니다. 오른손으로 가만히 피아노 건반을 누르기 시작하면 싱그러운 숲속에서 아침 이슬 같은 물방울이 하나둘씩 모여듭니다. 또르르 조심스레 흐르다 작은 물줄기가 되고 바위가 있는 곳에서 살짝 휘돌아가기도 합니다. 수많은 물방울이 음표가 되어 굽이굽이 흐르는 물결처럼 힘 있게 노래를 부르다 넓은 곳을 만나면 다시 잔잔해집니다. 그러다 다시 맑은 소리를 내는 물방울들이 다함께 손잡고 흐르며 당당한 하나의 물이 되고 마침내 고요한 바다에 다다른 듯 조용하게 강물의 여정을 마무리합니다.

다함께 손을 잡고 벽을 오르는 담쟁이처럼 피아노의 강물도 그렇게 저의 마음속으로 흘러 들어왔습니다. 피아노를 아주 잘 치지는 못하지만 이 곡을 연주하는 동안 무수한 물방울들이 재잘대며 모인 강물을 상상하며 행복한 여행을 했어요. 멜로디가 잔잔하게 끝나갈 때 덩달아 저의 마음도 평온해지다가 들릴 듯 말 듯한 마지막 음이 완전히 사라지고 나면 주변의 공기도 제 마음도 고요해지는 느낌이 듭니다. 강물이 가야 할 길을 다 마치고 바다와 하나가 되듯 삶의 여정이 끝날 때 우리도 더 큰 존재의 품, 하나님의 품에 안길 수 있을까요. 언젠가 그곳에서 모두 다시 만나길 소망합니다.

지금은 본업을 쉬고 있지만, 진료실에서 환자들 한 분 한 분을 만나 이야기를 나누는 것도 '함께 손잡고 벽을 넘는' 예술이라는 생각이 듭니다. 환자 분들은 그 시간 우리의 작업이 예술이었다고 생각하지 않을 수도 있지만 말입니다. 상담 시간이란 치료자와 연대하여 자신의 삶 속에 들어 있는 은유와 패턴, 그 속에서 함께 의미를 찾아내고 자신의 목소리로 노래하는 시간일지 모릅니다. 때로는 파도치듯 울음을 울기도 하고 가끔 긴 쉼표처럼 차마 소리를 내지 못하기도 하며 자유롭게 마음 가는 대로 노래를 부르다가 피아노, 피아니시모의 조용한 내면의 소리를 가만가만 들려주기도 합니다.

저는 관객이 되어 조심스럽게 그 노래를 듣습니다. 마음으로 듣고 머리로 듣고 귀로 듣습니다. 아무 소리가 들리지 않을 때조차 듣고자 마음을 엽니다. 잠잠히 듣다가 다음 멜로디를 위한 연결이 필요하다면 서투르게나마 반주하는 왼손이 되어 드립니다. 멜로디는 전적으로 환자들의 몫이고 주인공은 환자입니다. 저는 진료실 안에서 세상에 하나뿐인 그 노래를 마주하여 경청하는 사람입니다. 노래가 차곡차곡 쌓여 가며 자기만의 안정된 톤을 찾게 되면 주인공은 진료실 밖 세상, 진짜 무대로 나아가겠지요.

담쟁이 시를 읽기 전후의 저의 마음이 달라진 것처럼 심리적 고통으로 정신과 상담을 받는 분들도 치료를 통해 이전과 다른 관점으로 세상을 바라보게 되면 좋겠습니다. 삶의 아름다운 부분과 세상의 경이로움에 더 자주 감탄하며 조금 더 편안한 마음으로 자신의 삶을 살아가시길 바랍니다. 때로는 삶이 힘겹고 희망이 없다고 느껴지더라도 부디 어느 곳에 있든 세상에 하나뿐인 당신의 삶의 노래를 이어 가시길 바랍니다. 세월이 지나 힘겨운 시절을 견뎌 내고 절망을 넘어선 당신의 노래를 다시 듣게 된다면, 그 노래는 담쟁이보다도, 피아노의 강물보다도, 눈물이 날 정도로 훨씬 더 감동적일 거예요.

예술은 일상에서 아름다움을 더 자주 느끼게 해 줍니다. 우리가 느끼거나 생각하지 못했던 아름다움을 눈과 귀로 보고 들을 수 있게 해 줍니다. 우리 각자의 삶의 어떤 장면들은 그리 아름답지 않더라도 예술의 아름다움은 맑은 하늘처럼 함께 누리고 감동할 수 있습니다. 아름답고 의미 있는 삶의 순간을 관찰하고 수집한다면 우리는 모두 '인생의 예술가'입니다. 삶의 의미가 없다고 느껴질 때 함께 손잡고 '벽'을 넘자고 말하며 희망을 건네는 예술은 참 고마운 '약'입니다.

함께한 책과 음악

★ 도종환, 『담쟁이』, 시인생각, 2012.
★ 이루마, ⟨River Flows in You⟩, 2001.

빛과 아름다움을
　　　　사랑하는 마음

예술의 기쁨

5월의 어느 날 남편과 아이와 함께 속초 바닷가에 하루 머문 적이 있습니다. 새벽에 문득 눈을 떠 보니 고운 복숭아 빛을 품은 하늘이 경계도 없이 높이 펼쳐져 있고 그 아래로 끊임없이 움직이지만 고요한 넓고 푸른 바다가 있었습니다. 그런데 핸드폰 카메라로는 아무리 해도 새벽의 고운 빛과 신비로운 느낌을 다 담을 수가 없었어요. 그저 감탄하며 한참 동안 바라보고 앉아 있었습니다. 그 경이로움을 오래도록 붙잡아 둘 수 있다면 얼마나 좋을까요.

　　아름다운 자연은 하나님이 우리 모두에게 공평하게 나눠 주신 광대한 예술 작품입니다. 자연은 태초부터 쉼 없이 변화하고 때에 따라 모습이 달라지는 살아 있는 예술입니다. 우리는 온 세상에 펼쳐진 자연을 통해 하나님의 위대하신 능력과 아름다움을 봅니다. 하나님은 인간을 사랑하셔서 자연 속에서 생명력 있는 삶을 누리라고 축복해 주셨습니다. 아름다운 자연을 보고 감동하지 못한다면 삶의 기쁨을 이루는 커다란 퍼즐 조각 하나를 잃어버린 것이나 마찬가지일 것입니다.

　　저도 편리하다는 이유로 아파트에 살고 있지만, 도시에는 높은 건물에 가려 그늘진 곳이 많습니다. 탁 트인 하늘을 볼 수 없고 햇빛을 제대로 누리지 못합니다. 도시에서는 교통수단과 상업 시설을 언제든지 쉽게 이용할 수 있습니다. 그런데 그 편리함이 우리의 시간을 아껴 주는 것 같지만 어찌 된 일인지 시간은 항상 부족합니다. 자연을 감상하며 느긋하게 쉬지 못합니다. 지나치게 바쁘게 살다 보면 지구를 감싸고 있는 물과 흙과 공기의 고마움, 햇빛을 받아 반짝이는 나뭇잎의 다채로움, 크고 작은 다양한 동물들의 사랑스러움, 느긋하고 다정한 마음, 오래 머물고 싶은 소중한 순간도 쉽게 잊어버리고 맙니다.

　　그나마 다행스러운 것은 우리 가까이에 예술 작품

이 있다는 것입니다. 한 폭의 그림 같은 자연에서 평생을 살 수는 없어도 아름다운 그림을 곁에 둘 수는 있습니다. 그 작품은 적어도 우리가 그것을 아끼는 동안에는 우리의 공간 속에 자리할 것입니다. 아름다움은 그것을 보는 사람의 마음을 부드럽고 너그럽게 합니다. 사랑하는 것들과 행복한 순간을 붙잡아 놓은 작품은 기억하고 싶은 아름다운 장면을 언제든지 다시 볼 수 있게 해 줍니다. 작가가 소중하게 느꼈던 것이 무엇인지 우리에게 전달될 때 창작을 하게 만든 그 대상이 주는 느낌이 우리 마음에도 스며들어 깊은 감동을 일으킵니다. 좋은 작품과 만나면 우리의 삶이 변합니다. 삶의 스트레스로 팽팽해지고 좁아진 마음에 느슨한 틈이 조금씩 생겨납니다.

처음에 제가 글을 써야겠다고 생각한 동기는 사람들에게 뭔가 도움이 되고 싶어서였습니다. 그런데 시작을 못하고 있다가 펜(정확히 말하자면 키보드)을 잡게 된 계기가 있었는데 눈에 잘 보이지는 않지만 분명히 성장하고 있는 마리모를 보며 제가 만났던 환자 분들을 떠올리고 나서부터였어요. 머릿속에 아이디어가 떠오르는 대로 조금씩 글을 써 내려가던 어느 날 무심코 마리모가 있는 쪽을 바라보았는데 신기하게도 순간 마리모가 진짜로(!) 떠올랐습니다. 투명한 공기 방울을 달고 하늘을 향해 떠오르는 흥미로운 순간을 포착했을 때 저도 모르게 탄성이 터져 나왔습니다. 마리모가 가볍게 수면 위로 올라오는 장면은 아름다운 '예술' 같았어요. 마리모는 마치 춤을 추듯이 자유로워 보였습니다. 우연히 마리모의 작은 움직임을 지켜본 것은 집에서 대부분의 시간을 보내던 집순이의 경이로운 발견이었지요. 동영상이라도 찍어 두었으면 좋았을 텐데 너무 짧은 순간이라 찍지 못했어요.

예술은 영원히 아름다운 이상을 추구하거나 현실을 새로운 시각으로 보게 해 주는 것 같습니다. 그렇게 해서 더 멀리, 더 깊이, 더 높이 나아가게 합니다. 예술은 빛과 아름다움의 근원에 닿을 수 없더라도 그곳을 향해 다가가려는 마음입니다. 완벽히 도달하지 못할 것을 알지만 가까워지고 싶은 마음입니다. 햇빛을 향해 수면 위로 동동 떠오른 예쁜 마리모처럼 예술은 빛과 아름다움을 사랑하는 마음에서 나오는 것 같아요.

애정을 갖고 자기 작품을 만들거나 그렇게 만들어진 작품을 감상하다 보면 무언가를 창조하고 키워 내는 사랑의 힘과 기쁨을 느낄 수 있습니다. 이 세상을 창조하시고 모든 귀한 생명을 다스리고 돌보시는 창조주 하나님의 거룩한 사랑을 조금 더 깨닫게 됩니다. 그 무한한 사랑처럼 예술의 경지도 끝이 없어 보입니다. 그 신적인 경지에 도달하지 못한다고 해서 좌절하는 것은, 어쩌면 인간이 하나님이 될 수 없다고 불평하는 것과 같은지도 모릅니다. 다만 희망적인 것은 우리에게 시선을 고정할 만한 완전한 경지의 아름다움과 거룩함이 있다는 것입니다. 하나님이 창조하신 세계와 그리스도의 사랑입니다. 그것을 바라보며 조금씩 닮아 가고 함께 창조하며 누리는 즐거움이 예술의 기쁨이라고 생각합니다. 성공회 사제이자 작가인 티시 해리슨 워런은 "즐거움은 아름다움과 선함을 마주했을 때 보이는 인간의 깊은 반응"이라고 하였지요.

알랭 드 보통은 예술이 우리의 심리적 취약점을 보완해 주어 더 나은 삶, 더 나은 자아로 이끌어 주는 치유의 힘이 있다고 보았습니다. 그는 "우리는 최상의 행동 기준이 우리보다 너무 높은 데 있"기에 희망에서 멀어지고 만다고 말합니다. 희망을 쉽게 잃어버리는 우리에게 예술은 즐겁고 유쾌하고 훌륭하고 고상한 자질을 상기시키며 보다 좋은 사람이 되도록 일깨웁니다. 하나님께서 우주를 창조하시고 보시니 좋았다고 하셨듯이 사람 또한 무언가 창조하면서 또 창조된 것을 감상하면서 의미와 희망을 갖도록 태어났나 봅니다.

정신과 병동에서 환자들은 다양한 프로그램 중 하나로 미술 치료를 경험하기도 합니다. 저는 미술 활동을 하는 것 자체가 즐거움을 주기도 하지만 환지들이 정서적 표현에도 도움이 된다고 생각합니다. 그림은 말로 표현할 수 없는 마음, 때로는 어떤 것인지 알 수 없는 모호한 감정을 표현하는 수단이 될 수도 있습니다. 한 장의 그림이 여러 마디 말보다 직관적으로 이해가 더 잘 되기도 하니까요. 마음의 선을 그어 보기, 기분 따라 색을 표현해 보기, 마음 가는 대로 꾸미고 덧붙이기, 삶의 군더더기를 오려내기 등 종이에 나의 마음을 쏟아 놓고 찬찬히 바라보며 조금이라도 마음이 치유되길 바랍니다.

잘하지 못해도 되고 비교하지 않아도 됩니다. 빛과 아름다움을 사랑하는 마음으로 진실하고 자유롭게 시도해 보는 것이죠. 햇빛을 사랑하는 마리모가 하늘을 향해 춤추듯 떠오르는 모습, 우리가 모르는 사이에 조금씩 천천히 자라고 있음을 생각하면 마음이 흐뭇해집니다. 경이로운 대상을 발견했을 때 느끼는 기쁨을 혼자서만 간직하고 즐기기란 여간 어려운 게 아닙니다. 즐거운 경험과 좋은 것은 함께 나누고 싶어지는 법이니까요. 그 마음이 예술이 되고, 예술은 나눌 때 기쁨이 충만해지는 것 같아요. 그래서 저도 마리모로부터 받은 감동을 여러분과 나누고 싶은 마음에 이렇게 두서없이 자유롭게(?) 쓰고 있답니다.

함께한 책
★ 티시 해리슨 워런, 『오늘이라는 예배』, IVP, 2019.
★ 알랭 드 보통, 존 암스트롱, 『알랭 드 보통의 영혼의 미술관』, 문학동네, 2018.

힘을 빼고
　　　느슨하고 관대하게

장난기

'인사이드 아웃'inside out이란 단어는 안에 있는 것이 밖으로 나와 뒤집어진 것을 의미하기도 하고 어떤 것의 안과 밖을 속속들이 잘 아는 것을 뜻하기도 합니다. 그리고 픽사 애니메이션의 제목이기도 하지요. 이 만화 영화는 열한 살의 주인공 라일리가 이사를 가게 되어 정든 친구들과 작별하고 낯선 환경에 적응하며 겪는 심리 변화와 성장을 다섯 가지 감정 캐릭터('기쁨', '슬픔', '버럭', '까칠', '소심')로 재미있게 표현했습니다. 관객들은 라일리의 마음속을 들여다보며 모든 감정의 역할이 다 소중함을 깨닫게 되지요. 결국 '기쁨'이라는 캐릭터가 주도하던 감정 컨트롤 본부는 각자 동등하게 조절할 수 있도록 바뀌고 성격 섬들도 전보다 더 다채롭게 변화됩니다. 영화를 보며 모든 감정에는 자기 이름과 자기 자리가 필요하다는 생각이 들었습니다. 그리고 라일리에게는 어른이 되어서도 '엉뚱 섬'을 잘 지켜야 한다고 말해 주고 싶었어요!

아이들에게는 엉뚱 섬과 같이 즐거움을 추구하는 장난기가 있습니다. 지금 하는 놀이에 몰입하여 신나게 놀 수 있는 능력이 있습니다. 하지만 어른으로 성장하면서 우리는 미래를 위해 현재의 즐거움을 미루는 훈련을 하게 되고 자신과 사회에 대한 책임감을 키웁니다. 생계를 스스로 해결하는 것은 어른이 감당해야 하는 삶의 무게 중 하나입니다. 우리는 일을 하면서 돈도 벌고 소속감과 보람을 얻습니다. 그래서 좋은 일자리를 얻기 위해 경쟁하고 내일의 목표를 이루기 위해 현재의 즐거움을 포기하고 희생하곤 합니다.

목표를 달성하고 성취감을 느끼는 것도 즐거운 일이긴 합니다. 다만 지나치게 생산성과 효율성을 높이기 위한 삶을 살다 보면 마음의 여유는 사라지고 의무감에 짓눌리게 됩니다. 인간답지 않고 기계 같은 삶이지요. 쓸

모와 효율성만 따지며 자신을 혹사하다 보면 조만간 에너지가 소진(번아웃)될 수 있습니다. 혹은 완전히 소진되는 것까지는 아니어도 사는 게 별로 재미없다는 분들도 있습니다. 그런 분들에게 취미 활동을 해 보시라고 권유해 드리면 대부분 취미가 없다고 하시더군요.

즐겁게 살고 싶다면 어떻게 해야 할까요? 제 생각에는 우선 매일매일 너무 치열하게 살지 않는 것이 좋겠습니다. 아까워 말고 즐거운 시간, 노는 시간을 가지세요. 그리고 매사 지나치게 심각하게 보지 않는 것이 좋겠습니다. 내 문제, 내 생각에 너무 깊이 빠져 있으면 그것을 다양한 관점에서 바라보기가 어렵습니다. 마지막으로, 완벽하게 잘 짜여진 플랜 A가 아니라 조금 느슨하고 유연하게 계획을 세우면 좋겠습니다. 어차피 삶은 복잡하고 예측이 불가능하므로 계획에 따르는 변수에 대해 방어적 태도를 취하기보다는 개방적 태도로 대해 보세요. 즉흥적으로 떠오르는 영감도 체계적인 계획과는 또 다른 즐거움으로 우리의 하루를 멋지게 이끌어 줄 수 있습니다. 변화에 개방적인 자세와 여유로운 시간의 틈을 갖는 것은 생각을 유연하게 만들어서 오히려 새로운 가능성과 기회를 가져다 줄지도 모릅니다.

파타고니아는 아웃도어 제품을 만드는 미국의 기

업입니다. CEO인 이본 쉬나드는 환경을 보호하기 위해 평생 입을 수 있는 고품질의 옷을 만들고 기업의 사회적 책임을 다하려고 노력합니다. 그는 직원들을 위한 경영철학 매뉴얼과 10년간 파타고니아가 이룬 사업적, 환경적 성과를 정리하여 『파타고니아: 파도가 칠 때는 서핑을』이란 책을 출간했습니다. 직원들에게 "일은 재미있어야 한다"고 말하며 파도가 좋을 때는 서핑을 즐기라고 말합니다. 책 제목인 '파도가 칠 때는 서핑을'은 실제로 파타고니아의 '근무 시간 자유 선택 정책'의 이름입니다. 근무 시간을 유연하게 적용하여 자녀가 아플 때에는 집에서 간호를 할 수 있으며 사내 보육센터에 안심하고 아이를 맡길 수 있고 필요하면 언제든 방문할 수 있습니다. 사업이 지속 가능한 발전을 하려면 환경을 보호해야 하고, 일과 삶이 지속 가능하려면 즐거움의 요소가 빠질 수 없겠지요.

    프로이트는 '정상' 상태의 기준을 "약간의 히스테리, 약간의 편집증, 약간의 강박을 가진 것"이라고 기술했습니다. 누구나 약간의 문제를 갖고 있으니 심리적 어려움이 있다는 게 부끄러운 것은 아닙니다. 정도의 차이가 있을 뿐이지요. 또 우리가 즐겁게 생활하려면 라일리의 엉뚱 섬과 같은 장난기가 필요하다고 생각합니다. 프로이트의 명언을 패러디하여 '정상적인 장난기'란 약간의 푼수끼, 약간의 허당끼, 약간의 관종끼라고 말하고 싶네요.

누구나 약간의 장난기를 갖고 있으니 장난기가 있다는 게 부끄러운 것은 아닙니다. 발현되는 정도의 차이가 있을 뿐이지요.

풍수는 좀 철이 없고 웃기면서 친근한 친구 같은 모습입니다. 혹시 주변에서 철없다는 소리를 자주 들으십니까? 연예인들의 언행을 따라 해서 주변 사람들을 웃게 만들 수 있나요? 아들이나 딸의 옷을 입고 다닌 적이 있습니까? (딸이 아빠 옷을 입는 '아빠 핏'은 힙한 것이라고 하네요.) 내숭이 뭔지 잘 모르십니까? 어떤 실수를 해도 당당하게 웃고 넘깁니까? 목소리를 자유자재로 조절하며 오지랖과 수다를 좋아합니까? 여기서 풍수끼는 다른 사람들을 즐겁게 하기 위해 자신이 망가짐을 감수하는 살신성인(?)의 자세입니다.

허당이란 빈틈이 없어 보이는데 예상 밖으로 허술한 모습을 보이는 사람을 귀엽게 놀리는 말입니다. 주 1회 이상 직장이나 학교에서 어이없는 실수를 하시나요? 물건을 자주 잃어버리나요? 똑똑하고 야무져 보이는데 구멍이 많다는 평을 듣습니까? 의외로 실전에 약하고 낮에 한 실수를 되새기며 밤에 괜히 이불에 화풀이한 적 있습니까? 백치미가 있다는 수군거림을 들은 적 있습니까? 남들이 대체로 쉽게 하는 무엇을 어실프고 서툴게 합니까? 허당끼는 인공 지능이 따라 하기 어려운 인간적 매력이라고 봅니다.

여기서 '관종'은 '관심 추종자'(관심을 필요로 하는 사람)를 줄여서 표현한 것으로 중립적인 뜻으로 사용하였습니다. 관종은 관심 받고 싶은 욕구를 적극적으로 표현하는 사람과 겉으로 잘 표현하지 않는 사람으로 나눌 수 있습니다. 우리는 누구나 어느 정도 관심을 받고 싶어하니까요. 관심을 끌기 위해 부정적이고 극단적인 행동을 하는 경우는 제외할게요. 이번 주에 인스타그램에 셀카를 몇 번 올리셨나요? 지인들에게 카톡 메시지를 먼저 보내시나요? 카톡 프로필 사진과 상태 메시지를 자주 바꾸시나요? 주변 사람들에게 은근히 칭찬을 강요하거나 대놓고 자랑을 하시나요? 지나친 관심은 부담스럽지만 그렇다고 아무도 관심을 가져 주지 않으면 투명 인간이 된 것 같아 외롭습니다. '적당한' 관심을 이끌어 내는 약간의 관종끼는 인싸의 비결이지요.

여러분이 위의 몇 가지 질문을 읽고 '난 하나도 해당 않는데?'라고 생각하셨다면 힘을 조금 빼고 느슨해져 보는 건 어떨까요? 만약 이러한 '약간의 푼수끼, 약간의 허당끼, 약간의 관종끼'가 밖으로 흘러나오지 않도록 나사를 꽉 조이고 있는 철저한 분이라면, 나사를 약간 풀어서 이 세 가지를 조금이라도 허락해 주세요. 아마 자신의 실수와 실패에 조금 더 관대해지실 겁니다. 사람들에게 즐거움을 선사하고 같이 웃을 수 있는 여유가 생길 것입니다. 그리고 이전보다 조금 더 '사랑하고 사랑받으며' 살게 될 것입니다.

여러분의 '엉뚱 섬'은 안전한가요? 내면inside에 있는 어린 시절의 유쾌한 웃음과 장난기를 조금 더 밖으로out 꺼내 보세요. 날마다 좋은 날일 수는 없겠지만 조금 더 유연하게, 조금 더 즐겁게 지내시면 좋겠습니다.

함께한 책
★ 이본 쉬나드, 『파타고니아: 파도가 칠 때는 서핑을』, 라이팅하우스, 2020.
★ 임홍택, 『관종의 조건』, 웨일북, 2020.

위로 날아올라
　　　내려다보는 여유

승화

우리의 감정은 깊은 바다의 파도처럼 쉬지 않고 움직입니다. 잔잔하고 조용할 때도 있지만 어떤 날은 폭풍에 거센 파도가 칠 때도 있습니다. 바다가 계속 잔잔할 수만은 없듯이 거센 파도도 언젠가는 가라앉겠지요. 내 마음속에서 감정의 파도가 무섭게 출렁일 때 그것에 압도되면 파도에 휩쓸려 상처를 입을 수 있습니다. 그럴 때는 마음의 파도가 치는 모습을 위에서 내려다본다고 상상해 보세요. 위에서 바라보는 것은 넓은 시야로 관찰한다는 뜻입니다. 그냥 스쳐 지나가지 않고 약간의 거리를 두되 유심히 찬찬히 들여다보는 것이지요.

불안한 감정에 대해서도 관찰하듯 살펴볼 수 있습니다. 어떻게 해서 이렇게 불안해진 것인지 곰곰이 생각해 봅니다. 불쾌한 감정을 바로 행동으로 옮기지 않고 불안을 잠시 끌어안은 채 이 감정은 어디에서부터 왔는지 생각해 봅니다. 불안이라는 파도에 휩쓸리지 않는 것이 물론 쉽지는 않습니다. 관심과 노력이 필요한 일이지만 그만한 가치가 있는 일입니다. 일단 불안한 마음을 자기 손바닥에 올려놓고 이리저리 살펴본다면 그다음 행동을 스스로 선택할 수 있을 것입니다. '파도가 칠 때는 서핑을' 한다지만, '감정의 파도가 칠 때는 관찰을' 하겠습니다. 파도에 휩쓸리지 않고 파도의 크기와 방향을 관찰하는 것이지요.

우리는 불안의 위협으로부터 자신을 보호하기 위해 스스로 여러 가지 방법(심리적 방어 기제)을 사용합니다. 불안하고 곤란한 감정을 회피하기 위해 현실적인 측면을 부인하고 무시한다든지(부정), 받아들일 수 없는 생각이나 감정을 다른 사람 탓으로 돌리는(투사) 등의 행동을 주변에서 흔히 볼 수 있습니다. 부정이나 투사는 현실의 경험을 왜곡시키기 때문에 낮은 수준의 방어 기제로 여겨집니다. 그 밖에 자신의 잘못이나 받아들일 수 없는 상황을 참아 낼 수 있는 정도로 만들기 위해 그럴듯한 이유를 붙여 '정신 승리'(합리화)하는 경우도 있지요.

부정적인 감정이나 갈등으로 인해 마음의 평정이 깨질 때 보다 고차원적으로 성숙하게 대응하는 방법도 있습니다. 미래를 예측하고 이에 대비해 즉각적인 만족을 미루는 것(예상), 타인의 요구에 자신을 맞추어 주고 다른 사람들을 도와주며 사회에 건설적으로 기여하는 것(이타주의), 사회적으로 용납될 수 없는 충동을 건전한 생각이나 행동으로 표현함으로써 적절하게 전환시키는 것(승화) 등이 있습니다.

한편 괴로운 감정을 재미있고 익살스럽게 표현하거나 불편한 주제를 품위 있게 말하는 유머 또한 성숙한 방어 기제 중 하나로서, 유머로 '승화'한다고 표현하기도 합니다. 유머는 자신에게 지나치게 집착하지 않고 살짝 위로 날아올라 여유 있게 상황을 내려다보는 것입니다. 위에서 내려다보면 모난 부분이나 빈틈도 전체의 일부분으로 작게 느껴지고 별것 아닌 것처럼 너그럽게 보일 수 있습니다. 유머는 마치 수업과 수업 사이에 반가운 쉬는 시간 종소리가 울리는 것처럼 우리에게 숨 쉴 수 있는 틈을 만들어 줍니다. 주변 사람들을 관찰해 보면 유머 감각은 타고난 것처럼 보이지만 연습과 모방으로 어느 정도 가능해 보이기도 합니다.

작년에 초등학교 1학년이던 조카가 자기 엄마인 저의 언니에게 '걱정 처방전'을 써 준 일이 있습니다. 조카가 숙제를 빨리 끝내지 않고 놀려고만 해서 걱정된다고 했더니, "제가 얼마나 힘들고 귀찮아할지 생각해 보세요. 엄마님도 그런 일이 가끔 있으실 거예요"라며 숙제를 안 하는 것에 대한 해명 같기도 하고 무슨 권고문 같기도 한 처방전을 붙여 놓았더랍니다. 아이들이 자신을 타이르고 혼내는 엄마가 밉다고 표현한다 해도 그것대로 솔직해서 좋습니다. 그런데 저는 자신의 기분 나쁨을 세련되게 드러내면서 엄마의 기분도 상하지 않게 하는 조카의 귀여움에 반해 버렸어요. 좋은 유머에는 듣는 사람과 말하는 사람이 모두 즐거운 기분이 듭니다. 함께 웃으며 긴장을 풀 수 있고 웃음으로 서로 연결된 느낌이 듭니다. 상대방에 대한 호감이 생기고 유대감이 듭니다. 한 공간에 함께 있는 것이 안전하다고 느껴집니다.

주변에서 볼 수 있는 또 다른 종류의 승화는 '예술'입니다. 알랭 드 보통은 "예술에서 승화는 천하고 보잘것없는 경험이 고상하고 세련된 경험으로 변환되는 심리적 변형 과정을 가리킨다"고 말합니다. 그는 일상적 삶에서 숭고함이란 대개 비구름 사이의 햇살과 같이 찰나의 순간에 무작위로 찾아온다고 말합니다. 그렇지만 예술가는 그처럼 무작위하고 우연한 감동이 사라지지 않도록 창조적으로 모방합니다. 우리의 감정과 경험이 사소하게 느껴지더라도 예술은 그 의미를 발견해 내고 그것이 혼자만의 것이 아니며 결코 사소하지 않음을 보여 줍니다. 텅 빈 마음으로 혼자 울고 있을 때 고개를 들 수만 있다면, 예술은 우리 안에 숭고함과 경이로움에 대한 감동이 다시 차오르도록 언제나 기다려 줍니다.

작가들은 관객으로부터 공감을 이끌어 내어 찰나의 개인적 감정을 함께 느낄 수 있고 기억할 수 있게 만듭니다. 작가가 어느 부분에서 대상과 사랑에 빠졌는지, 어떤 감정에 압도되었는지, 얼마나 심혈을 기울이고 정성을 쏟았는지 논리적으로 분석하고 설명하지 못하더라도 우리는 직관적으로 그것을 느끼고 감동을 받습니다. 작가가 사랑한 대상을 어느덧 나도 사랑하게 됩니다. 나는 무심코 지나쳤지만 작가는 유심히 주목한 일상의 한 장면에서 나도 모르게 탄식하고 맙니다. 예술의 에너지는 해석과 풀이 과정을 폴짝 건너뛰고 한 사람의 가슴에서 다른 사람의 가슴으로 도약하는 능력입니다. 예술로 '승화'한 작가의 경험은 공감을 통해 생명력을 얻습니다.

개인적으로 '승화'라는 단어를 볼 때면 3년 전 하와

이에서의 경험이 떠오릅니다. 별을 더 잘 보기 위해 빅 아일랜드의 마우나케아산에 찾아갔습니다. 자동차를 타고 오르는 산길은 안개 때문에 앞이 잘 보이지 않았고 회색빛 구름이 하늘을 가득 덮고 있었습니다. 비도 살짝 내리기에 좋은 구경을 하기는 힘들겠다는 생각에 약간 실망스러웠습니다. 어린 아들을 동반했던 터라 공기가 희박한 정상에 올라갈 생각은 하지 못하고 해발 2천8백 미터의 방문자 센터 옆에 주차를 했습니다. 그런데 근처의 선셋 힐로 발길을 옮기자 하늘을 가리고 있던 빽빽한 구름이 어느새 한참 저 아래쪽에 융단처럼 깔려 있었습니다. 점점 빛이 사라지면서 하늘에 수많은 별들과 은하수가 펼쳐졌습니다. 우와! 두 눈에 미처 다 담을 수 없는 자연의 아름다운 광경을 보며 창조주 하나님의 작품이 경이롭다는 말밖에 할 수 없었습니다.

선셋 힐에 깔린 구름 위에 서서 보았던 그 초월적인 풍경은 아마 평생 잊지 못할 것입니다. 구름 아래에 있을 때는 어둡고 궂은 날씨 때문에 걱정스러웠지만 구름 위로 올라가자 놀라운 반전을 경험할 수 있었습니다. 눈앞에 새로운 차원이 열렸다고 할까요. 어쩌면 우리도 불안한 감정이나 심리적 충동 자체에 머물러 있지 않고 조금 더 높은 위치에서 바라본다면 보다 넓은 관점에서 차분하게 대처할 수 있을 것입니다. 보이지 않아도 비구름 너머 태양은 쉼 없이 뜨고 지며 은하수는 늘 지구를 감싸고 있습니다. 그리고 그 구름 사이로 비치는 빛을 붙잡아 두는 예술가들 덕분에 우리는 경이로움을 더 쉽게 가까이 느낄 수 있습니다. 우리의 시선을 높은 곳에 두는 것과 빛을 사랑하는 것은 승화의 또 다른 표현인 것 같습니다. 승화는 우리를 더 성숙하게 만들어 줍니다.

함께한 책
★ 알랭 드 보통, 존 암스트롱, 『알랭 드 보통의 영혼의 미술관』, 문학동네, 2018.

어린아이와 같은
　　　　　　마음

경이로움

제가 산책의 즐거움을 알게 된 것은 아이가 다섯 살 정도 되었을 때 손잡고 같이 산책을 다니면서부터였습니다. 집 근처에 작은 개울이 있는데 인공적으로 만들어 놓은 물길이긴 했지만 다슬기도 있고 잉어도 살고 새들이 와서 물을 마시고 가는 정겨운 곳입니다. 아이의 걸음에 맞춰서 천천히 걷다 보니 물소리, 새소리, 바람소리에 귀 기울이게 되더군요. 아이의 눈높이에서 같이 바라보니 작은 돌멩이 하나, 연약한 풀잎 하나도 신기하게 느껴지고 자세히 들여다보게 되었습니다. 그때 제가 느꼈던 건 바로 경이로움이었어요.

"우와, 작은 풀들이 이렇게 여리고 예쁘게 생겼었나? 똑같이 생긴 나무는 하나도 없구나! 흙냄새와 물소리가 마음을 참 편안하게 해 주네." 정신없이 바쁘게 사느라 건성으로 보았던 자연의 아름다움, 천천히 같이 걷는 즐거움을 그제야 깨달았습니다. 그동안 휴식이라고 하면 집에서 아무것도 안 하고 그저 누워 있는 것이 미덕인 줄 알았는데 산책의 묘미를 뒤늦게 알게 되었습니다. 아이 덕분에요. 아이들은 경이로움을 느끼는 데 천재적인 능력을 갖고 있습니다. 우리도 어렸을 때 그랬겠지만, 어린이는 세상에 처음 보는 것들이 너무나 많습니다. 작은 것에도 감탄할 줄 알지요. 나이가 들면서 우리는 많은 경험을 쌓은 대가로, 반복되는 일상을 쉽게 지루해합니다. 작은 것에 신기해하기보다는 점점 더 강한 자극을 추구하곤 합니다.

그때 이후로 산책을 좋아하고 즐겨하게 되었습니다. 가까운 거리는 웬만하면 걸어 다닙니다. 사실 겁이 많아서 운전을 못하기 때문이기도 하지만요. 아이의 걸음처럼 천천히 걷다 보면 나도 모르게 앞만 바라보지 않고 이곳저곳 살피게 됩니다. 자연에는 눈길을 끌 만한 무언가가 늘 있습니다. 매일 같은 길을 걷더라도 느리게 걷는 사람에게 자연은 항상 새로운 모습을 보여 줍니다. 길은 언제나 새로운 길로 이어지고 그 길을 따라 걷다 보면 나의 지경을 넓히는 작은 모험을 할 수 있습니다. 그렇게 두 발로 걷다 보면 자연스레 주변 풍경을 찬찬히 살펴보게 되고, 느긋하게 찬찬히 보면 볼수록 자연은 경이롭게 다가옵니다.

경이로움이란 놀랍고 신기해하는 것입니다. 저는 산책을 하다가 또는 여행을 하면서, 그리고 아이가 조금씩 성장하는 모습을 볼 때 경이로움을 자주 느낍니다. 경이롭다는 것은 '생명의 힘'에서 나오는 것 같습니다. 돌 사이에 핀 작은 풀꽃, 이사 가는 개미들, 무리 지어 다니는 작은 참새들, 같은 자리에 있지만 매일 다른 모습을 보여 주는 나무들, 운동화를 신고 신나게 달리는 아이들의 몸짓에서 생명의 에너지를 느낍니다. 상상도 할 수 없는 오랜 시간 깎이고 깎여 흙과 모래가 되었을 돌멩이, 태고부터 쉬지 않고 땅과 하늘을 오고 갔을 바닷물, 손에 잡히지 않고 보이지 않지만 온몸으로 느낄 수 있는 시원한 바람, 언제 보아도 눈부시게 빛나는 아침 해와 여전히 아름답고 사랑스러운 저녁노을. 지구라는 행성이 품고 있는 약동하는 에너지가 얼마나 위대한지 모릅니다.

경이로움은 그 순간 터져 나오는 감탄사입니다. 경

이롭다는 것은 살아 있기 때문에 지금 이 순간 오감으로 경험하는 감동입니다. 갑자기 바람을 '후~' 불어넣어 잔뜩 부푼 풍선처럼 대상에 대한 애정이 내 마음을 벅차오르게 하는 느낌이에요. 이전에 봤던 당연한 모습이 아니라 대상을 새롭게 다시 보게 되는 경험입니다. 경이로움을 느끼고 싶으시다면 저처럼 아이의 손을 잡고 천천히 걸어 보세요. (아이가 지금 사춘기라면 약간의 거리를 두고 걸어도 좋습니다.)

경이로움을 느끼는 삶은 호기심과 감격, 생명력이 있는 풍성한 삶입니다. 반면 경이로움을 전혀 느끼지 못하는 삶은 권태로움과 공허함, 절망이 지배할 것입니다. '일하지 않는 시간'의 중요성을 강의하는 강연가 마릴린 폴에 따르면, 경이를 경험하는 것은 "시간의 흐름을 늦추고, 시야를 넓히고, 마음을 열어 주고, 자아에 대한 끝없는 집착에서 벗어나도록" 합니다. 경이로움을 느끼는 동안 시간은 친절하게 흐릅니다. 그 순간만큼은 부족함 없이 기쁨으로 충만합니다. 세상에 나 혼자가 아니라 선하고 아름다운 존재와 연결되어 있다는 안도감이 듭니다.

서양의 성당이나 왕궁의 천장이 높은 이유는 위를 올려다보며 느끼는 "경외감을 통해 자발적인 '인지적 전환'을 유도"하기 위한 것이라고 합니다. 대자연 앞에 서면 인간이 작은 피조물에 불과함을 깨닫고 저절로 겸손해지곤 하지요. 하나님이 창조하신 자연과 그 속에 깃든 모든 생명은 경이롭습니다. 경이로움은 하나님이 하신 일에 대해 인간이 느낄 수 있는 반응입니다. 겸손한 마음으로 하나님께서 창조하신 생명을 귀하게 여기고 아름다운 자연을 더 자주 바라보아야겠습니다. 내 손 안에 든 것만 보지 않고 낮은 자세로 위의 것을 올려다보면 경이로움을 더 많이 느끼며 살 수 있을 것 같아요. 나를 사랑하셔서 낮은 곳으로 내려오셔서 험한 십자가를 지신 예수님의 사랑을 생각할 때 삶은 더 이상 권태롭거나 공허하지 않습니다. 어린아이 같은 마음이 됩니다.

함께한 책

★ 미릴린 폴, 『일하지 않는 시간의 힘』, 청림출판, 2019.
★ 김정운, 『바닷가 작업실에서는 전혀 다른 시간이 흐른다』, 21세기북스, 2019.

거룩함에 다가가는
　　　　영혼의 이끌림

지극하다는 것

'예수, 나의 기쁨'은 바흐의 칸타타 작품번호 147번 중 여섯 번째와 열 번째에 나오는 코랄(찬송가) 합창으로, 피아노나 오르간으로도 널리 연주되는 유명한 곡입니다. 칸타타는 이탈리아어 '칸타레'(노래하다)에서 파생된 말로서 이탈리아 오페라의 영향을 받은 성악곡의 하나입니다. 가사의 내용에 따라 세속(실내) 칸타타와 교회 칸타타로 구분된다고 합니다. 바흐 칸타타의 열 번째 노래의 가사는 원래 "예수님은 나의 기쁨"이라는 내용으로 시작합니다. 하지만 피아노의 아름다운 선율을 듣다 보면 저는 스바냐서의 말씀이 먼저 떠오릅니다.

> 너의 하나님 여호와가 너의 가운데에 계시니
> 그는 구원을 베푸실 전능자이시라.
> 그가 너로 말미암아 기쁨을 이기지 못하시며
> 너를 잠잠히 사랑하시며
> 너로 말미암아 즐거이 부르며 기뻐하시리라.
> — 스바냐 3장 17절

평화롭게 자고 있는 아기의 천사 같은 얼굴을 바라볼 때면 기쁨을 억누르지 못해 가슴이 콩콩거리면서 영원히 사랑하는 마음이 지속될 것 같은 느낌이 듭니다. 기쁨을 절제하려고 하지만 기쁨의 미소가 저절로 넘쳐흐르고, 귀에 맴도는 감미로운 멜로디처럼 끊을 수 없는 사랑으로 잠잠히 바라보게 됩니다. 사람이 하는 사랑 중에 부모의 자식 사랑과 같이 깊고 지극한 사랑이 없다는 것을 아이를 낳고서야 깨닫게 되었습니다. 그래서 하나님이 우리를 자녀 삼으셨다는 말씀이 최고의 사랑 표현이라고 생각됩니다. 우리가 자녀를 볼 때처럼 하나님 아버지가 우리 각 사람을 지극한 사랑과 기쁨으로 바라보신다고 생각하면 어찌나 감격스러운지요. 예수님의 십자가 덕분에 죄인인 우리가 사랑받는 자녀가 되었으니, 바흐의 칸타타 제목처럼 정말 예수님은 우리의 소망이자 기쁨이 될 수밖에요.

아이가 아플 때 차라리 대신 아팠으면 좋겠건만 그럴 수 없는 안타까운 마음, 아이가 기쁠 때 같이 기쁘고 아이가 슬플 때 같이 슬퍼하는 마음, 상황이 어떠하든 언제나 널 사랑한다는 것을 알려 주고 싶은 마음, 당장 원하는 것이 아닌 가장 좋은 것을 주고 싶은 마음, 실수를 통해 배우고 다시 일어나길 응원하는 마음, 자신을 소중히 여기되 겸손과 감사를 알기를 바라는 마음……. 하나님도 나를 바라보시며 이런 마음이지 않으실까 생각해 봅니다. 아이를 키우면서 하나님 아버지의 마음을 조금 더 알게 되는 것 같습니다. 물론 아무리 인간의 자식 사랑이 깊다 해도 하나님의 크신 사랑에 결코 미치지 못하겠지만, 자녀를 사랑하는 마음으로 아가페 사랑을 조금이나마 가늠해 봅니다.

자녀에 대한 지극한 사랑이 어떤 것인지 경험할 때 하나님의 사랑을 조금 깨닫게 되듯이 예술가들의 훌륭한 작품에서 아름다움의 극치를 발견할 때 하나님의 완벽한 아름다움의 그림자를 봅니다.『오주석의 한국의 미 특강』의 부록 부분에는 김홍도의 염불서승도와 함께 이런 글이 나옵니다. "예술과 종교는 하나다. 보통의 경우 예술은 예술, 종교는 종교일 뿐이다. 진정한 예술도 진정한 종교도 아니었기 때문이다. 하지만 한번 종교와 예술이 지극한 것이 되고 보면, 예술은 종교이고 종교는 곧 예술이다. 이 때 예술과 종교는 한 인간의 참된 삶, 바로 그것이다."

예술가의 작품이 지극한 경지를 드러낼 때 마음을 울리는 숭고함과 존경심을 느끼게 됩니다. 명작은 시대를 초월하여 긴 세월 사랑을 받는 작품입니다. 사진작가 윤광준은 "한 번뿐인 인생을 사는 인간에게 시간에 맞서 변하지 않는 대상과 마주할 때의 경험은 강렬하다"고 하였습니다. 그래서 사람들은 명작을 보기 위해 오랜 시간 기다리고 작품을 본 순간의 감동을 오래도록 기억합니다. 훌륭한 작품을 마주하면 겸손함을 배우게 됩니다.

철학자들은 온전히 파헤칠 수 없는 세상의 진리를 탐구하는 데 자신의 인생을 걸기도 합니다. 대부분의 부모는 평생 정성을 다해 자녀를 사랑으로 돌보려고 애씁니다. 예술가들은 끝이 보이지 않더라도 꾸준히 연습하고 도전하며 완벽한 아름다움을 추구합니다. 그런데 사람들이 마음속에 품고 있는 진, 선, 미의 가치는 바로 참되고 선하고 아름다우신 하나님께 온전히 속해 있습니다. 그리스도인 의사이자 작가였던 폴 투르니에는 "절대적인 것에 대한 욕구를 파헤쳐 보면, 이는 결국 하나님에 대한 갈망을 표현한다"고 말했지요.

'지극하다'는 말은 곧 극極에 이르렀음至을 의미합니다. 어떠한 정도가 극도에 이르러 더할 나위가 없는 것입니다. 양극단에 치우친 것과는 다른 이미지입니다. 평범한 수준에서 이쪽으로 혹은 저쪽으로 치우치는 것과 달리 지극함은 위로 또 위로 끝까지 향하는 이미지입니다. 더할 나위 없이 높음을 추구하는 것, 곧 거룩함을 추구하는 것입니다. 무엇엔가에 지극하다는 것은 스스로 의식하지 못하더라도 거룩하신 하나님의 성품에 가까이 다가가려고 하는 영혼의 이끌림인지 모릅니다.

하나님의 본체이신 예수님이 사랑하는 사람들을 구원하시기 위해 사망을 이기시고 우리에게 영원한 생명을 나타내 보이셨습니다. 닿을 수 없고 만질 수 없던 진리의 말씀, 생명의 말씀이 사람의 몸을 입고 오셨습니다. 생명의 근원이신 하나님이 우리 가운데 오셔서 거룩한 삶을 보여 주셨습니다. 우리가 하나님을 사랑하는 것은 하나님께서 먼저 우리를 사랑하셨기 때문이라고 합니다. 우리가 예수님을 기뻐하는 것은 예수님이 먼저 우리로 말미암아 기쁨을 이기지 못하시고 즐거이 부르며 기뻐하시기 때문일 것입니다. 예수님이 바로 우리 안에 계시기에 예수님은 우리의 기쁨의 원천이 되십니다.

예수님은 나의 기쁨

내 마음의 참 위로자

고통에서 건지시고

새 힘을 주시도다

해처럼 빛나는 소망

내 영혼에 넘치는 사랑

주 떠나지 않으리

내 마음과 내 눈에서

(바흐 칸타타 BWV 147 중 제10곡 'Jesus bleibet meine Freude'의 독일어 가사가 참 아름다워 우리말로도 부를 수 있으면 좋겠다는 마음이 들었습니다. 원곡의 뜻을 생각하며 우리말로 다듬어 노래를 만들고 보니 여러분께 들려 드리고 싶어졌습니다. 위의 QR 코드를 스캔하면 들으실 수 있습니다. 고 박재훈 목사님이 '인류의 기쁨이 되시는 예수'라는 제목으로 오래전에 번역하신 가사가 있어서 새롭게 이번에 번역하며 유가족에게 연락하여 동의를 얻었습니다.)

함께한 책과 음악

★ 스바냐서.
★ 전기홍, 『한 권으로 배우는 음악 이야기』, 상상출판, 2021.
★ 오주석, 『오주석의 한국의 미 특강』, 솔, 2012.
★ 유광준, 『신미안 수업』, 지와인, 2019.
★ 폴 투르니에, 『모험으로 사는 인생』, IVP, 2007.

4부

하나님과 함께 걷기

마음속에
　　예수님을 모신다면

빈 공간

아들의 친한 친구 중 감정 표현을 잘하고 유머와 재치가 넘치는 재미있는 친구가 있습니다. 같이 간식을 먹으며 이런저런 이야기를 나누던 중 그 친구가 엄마 몰래 유튜브를 본 적이 있다는 말을 했어요. 제가 먼저 물어본 것은 아니었는데 아마 그동안 그 일이 마음에 걸렸었나 봅니다. "저에게도 다크 사이드가 있어요. 제가 겉으로는 밝아 보이지만 안에는 어두운 면이 있어요. 그리고 더 안으로 들어가면 5제곱센티미터의 빈 공간이 있어요. 왜 그런지 모르겠는데 그냥 그런 것 같아요." 이렇게 말하며 '지킬 앤 하이드' 연기를 실감나게 보여 주었습니다. 그 모습이 너무 재미있어서 웃음이 빵 터졌지만 속으로는 어린아이가 어떻게 그런 생각을 했을까 신기하고 놀라웠습니다. 우리 마음 깊은 곳에 정말 빈 공간이 있다면 그곳은 예수님이 계실 자리 아닐까요? 그때 옆에서 듣고 있던 저희 아들이 '공간'이라면 면적이 아니라 부피니까 5제곱센티미터가 아니라 5세제곱센티미터가 아니냐는 초등학생다운 예리한 질문을 던졌습니다. 이 말에 마침 여러 생각이 구름 위로 올라가려다 말고 다시 떠들썩한 현실로 내려왔지요.

  아이들이 학원에 간 사이 가만히 옛날 기억을 떠올렸습니다. 저도 이십대에 처음 예수님을 알고 믿게 되면서 마음의 빈 공간이 채워지는 것을 느꼈기 때문입니다. 사람들이 부러워하는 성공이나 명예, 부와 미모 등을 갖고 있어도(물론 제 얘기는 아닙니다) 공허한 느낌으로 괴로워하는 사람들이 있습니다. 우리 마음의 빈 공간은 물질이나 자신의 성취로 채울 수 없고 다른 대상으로도 채울 수 없습니다. 프랑스의 수학자이자 철학자인 파스칼은 "이 한없는 심연은 무한하고 불변하는 존재, 즉 신神 자신에 의해서만 충족될 수 있는 것"이라고 하였습니다. 사람은 누구나 한계가 있고 약점이 있으며 자기 자신만으로 온전할 수 없는 결핍된 존재입니다.

혹시 로버트 멍어의 『내 마음 그리스도의 집』이란 책을 읽어 보셨나요? 그리스도인인 주인공은 자신의 마음의 집에 예수님을 손님으로 모셨지만 자신의 마음을 정결하게 해 줄 수 있는 분은 예수님뿐임을 깨닫고 예수님께 자기 마음의 주인이 되어 달라고 요청합니다. 예수님은 그리스도인의 삶의 모든 영역을 아름답게 다스리시고 그 삶을 선하게 사용하시니까요. 이 책은 대학생 때 친구가 저를 전도하기 위해 선물해 주었던 책이에요. 오래전 책을 처음 읽었을 때는 마음을 집에 비유한 것이 창의적이고 흥미롭다고만 생각했는데, 예수님을 영접하자 예수님이 제 마음의 주인으로 제 안에 계시다는 것을 점점 믿을 수 있게 되었습니다. "믿음으로 말미암아 그리스도께서 너희 마음에 계시게 하시옵고"라는 에베소서 말씀처럼 그리스도께서는 자신을 영접하는 인간의 마음을 거처로 삼으십니다. 하나님 없이, 하나님의 다스리심을 인정하지 않고 스스로 자기 삶의 주인이 되어 사는 인생은 열심히 살아도 불안하고, 즐기며 살아도 허무합니다. 그러나 내 마음의 중심에 그리스도를 주인으로 모시는 삶은 무거운 인생의 짐을 내려놓는 평안한 삶입니다. 총책임자이신 하나님께 나의 삶을 맡기고 가벼운 마음으로 사는 것입니다. 모든 순간을 예수님과 함께하는 삶, 거룩하고 은혜로 충만한 삶입니다. 빈 공간을 주님이 빛으로 항상 채워 주시기에 어둡거나 공허하지 않은 삶입니다.

스캇 펙은 "자아는 우리가 어떤 존재인지 또는 우리가 스스로 그렇다고 생각하고 있는 자기 이미지의 껍질에 가까운 반면, 영혼은 더 깊이 내려가 존재의 핵심에까지 이르는 것으로, 우리는 그것을 거의 의식하지 못한다"고 썼습니다. 내가 의식하고 있는 나의 긍정적인 모습과 부정적인 모습 아래에 의식하지 못하는 나의 모습이 분명히 있습니다. 무의식의 내용은 나도 모르게 하는 말과 행동을 통해 드러나는 경우도 있지만 대체로 알기가 어렵습니다. 무의식이란 우리가 갖고 있으면서 아직 모르고 있는 정신세계, 우리가 알고 있는 것 너머의 미지의 세계입니다. 그가 말하기를, 만약 우리가 무의식을 의식에서 잘 다룰 수 있게 되면 "무의식은 절대적 기쁨만을 담는 장소가 되고, 우린 그곳을 통해 신과 연결될 수 있을 것"이며 "우리가 마음을 열고 그 지혜를 인식하게 되면 신은 우리의 무의식을 통해서 모습을 드러낸다"고 하였습니다. 이 주장이 맞는지 혹은 틀리는지 저는 알지 못합니다. 하지만 이것만은 알고 있습니다. 우리를 사랑하시는 예수님이 하나님과 우리를 화목하게 하시기 위해 십자가에서 고난 받으셨으며 그것을 믿는 사람의 영혼에 말로 설명할 수 없는 기쁨과 만족을 주신다는 것을요.

　　우리 안에 있는 죄의 본성을 인정하고 싶지 않지만 우리 안에는 차마 꺼내 놓기 부끄러운 시기, 질투, 이기심, 욕망 등이 숨겨져 있습니다. 편안한 상황에서는 사려 깊고 친절하지만 내 마음이 괴롭고 몸이 아프면 다른 사람을 위한 조그마한 배려도 하기 힘듭니다. 스트레스를 참고 견디다 한계에 이르면 자신도 모르게 자기중심적이고 공격적인 모습을 보이게 됩니다. 화가 난 나머지 가장 사랑하는 가족에게 무서운 표정으로 못된 말을 하기도 합니다. 때로는 분노에 압도되어 끔찍한 생각을 할 때도 있습니다.

　　하지만 괜찮습니다. 나만 그런 게 아니라 모두가 다 그러니 괜찮다는 게 아닙니다. 우리는 완전하지 않지만, 내 안에 계시고 내 삶의 주인이신 하나님이 우리를 사랑하시니까요. 아이들은 누가 자기를 진정으로 사랑하는 어른인지 잘 알아봅니다. 무엇을 잘못했을 때도 사랑하는 마음으로 지적하면 더 잘 받아들일뿐더러 사랑하는 사람을 실망시키지 않기 위해 같은 잘못을 하지 않으려고 노력합니다. 우리가 하나님의 사랑받는 자녀임을 알 때 우리는 잘못을 바로잡고 앞으로 나아갈 힘을 얻습니다. 오래전 우리 죄를 대신하여 죽으시고 부활하신 예수님 덕분에 우리는 하나님의 사랑을 확신할 수 있습니다.

거의 20년 만에 『내 마음 그리스도의 집』을 다시 읽어 보았습니다. 그런데 결말 부분에 나오는 "명의 이전"이란 단어를 읽으며 예전과 달리 조금 불편한 마음이 들었습니다. 그 단어가 정확히 어떤 의미인지 경험할 만한 나이가 되어 그런가 봅니다. 그동안 저는 예수님께 제 마음의 집을 드렸다고 생각하고 있었는데 알고 보니 저의 지분을 남겨 두고 있었습니다. 입으로는 예수님이 저의 주인이라고 말하면서 온전히 마음을 드리지 않았습니다. 이번 기회에 저와 예수님의 '공동 명의'였던 마음의 집을 '온전히 예수님께' 드려야겠습니다. 제 소유의 집에 예수님이 사시는 것이 아니라 예수님의 집에 제가 사는 것이니 제가 주인이었을 때보다 더 가볍게 살아도 될 것 같아요.

　　　예수님은 우리에게 겨자씨 한 알만 한 믿음만 있어도 된다고 하셨지요. 그 작은 믿음만 있으면 예수님이 우리 마음에 들어오십니다. 마음의 빈 공간에 예수님을 모신다면, 우리가 사는 동안 빛이신 예수님께서 우리의 마음과 영혼을 선하게 바꾸어 주실 것입니다.

함께한 책
★ 에베소서.
★ 파스칼, 『팡세』, 신원문화사, 2007.
★ 로버트 뭉어, 『내 마음 그리스도의 집』, IVP, 2001.
★ 스캇 펙, 『그리고 저 너머에』, 열음사, 2007.

어둠 속에

　　　머물지 말고

빛으로

태양 빛이 없으면 지구에 있는 생명체는 살아갈 수 없습니다. 식물은 빛 에너지를 받아 이산화탄소와 물로부터 포도당과 산소를 만드는 광합성을 합니다. 빛은 동물이 먹을 수 있는 식물을 길러 주고 동물은 죽으면 식물의 양분이 되는, 돌고 도는 생명의 사이클이 지금까지 이어져 오고 있습니다. 빛은 지구의 생명을 유지시키는 에너지입니다.

햇빛은 빨래를 말려 주기도 합니다. 잘 마른 빨래에서는 은은한 향기와 기분 좋은 따스함이 느껴집니다. 아이의 옷에 얼굴을 묻고 가만히 냄새를 맡아 보면 햇빛을 닮은 아이의 웃는 얼굴이, 웃음소리가 느껴지는 것 같습니다. 물을 머금고 축 처졌던 옷이 깨끗한 종이처럼 보송보송해집니다. 햇볕 잘 드는 창가에서 빨래를 말리는 것은 건조기를 사용하는 것보다 시간이 더 걸리지만 저는 빨래를 햇빛에 말리기를 더 좋아합니다. 옷이 햇빛을 머금고 있는 것 같아서요.

햇빛은 소독 효과가 있습니다. 햇빛에 오래 노출되면 세균 속 포르피린이라는 물질이 특정 가시광선 파장과 반응해 세포를 사멸시킨다고 합니다. 햇빛의 소독 효과를 육안으로 확인하기는 어렵지만 붉은 얼룩을 깨끗하게 하는 능력은 눈으로 확인할 수 있더군요. 일회용 플라스틱 용기에 묻어 있는 붉은 국물 얼룩은 세제로 씻어도 잘 없어지지 않습니다. 그런데 붉게 물든 플라스틱 용기를 햇빛이 잘 드는 곳에 며칠 말렸더니 신기하게도 국물 자국이 전부 사라졌습니다. 붉은 얼룩 속에는 카로티노이드계 색소가 들어 있는데 이것은 지용성이라서 물에 녹지 않지만 햇빛에 노출되면 분해되는 성질이 있다고 합니다.

햇빛은 우리가 세상의 아름다움을 볼 수 있도록 해 줍니다. 자연의 색, 인간이 만든 문화재, 예술가들의 작품,

그리고 사랑하는 사람들을 볼 수 있다는 것은 감사한 일입니다. 위대한 자연에서 느끼는 경이로움, 작고 귀여운 생명체들의 사랑스러움, 또 아름다운 미술 작품을 감상할 수 있는 것도 빛이 있기 때문에 가능합니다. 빛은 아름다움을 볼 수 있게 해 줄 뿐만 아니라 그 자체로도 아름답습니다. 구름 사이로 비치는 햇살도, 수면 위로 반짝이는 햇빛도 눈이 부시게 찬란하지요. 비 온 뒤 무지개나 프리즘으로 펼쳐 본 빛의 색은 다채로워서 아름답습니다. 햇빛은 이 모든 색을 품고 있으면서도 투명하고, 강렬하면서도 따뜻합니다.

세상에 아름다운 모습만 있으면 좋을 텐데 현실은 불쾌하고 추하고 더럽고 끔찍한 모습도 있습니다. 빛과 어둠이 있듯이, 우리 안에 선과 악이 있듯이 말입니다. 선과 악의 대립은 소설과 영화의 단골 주제이기도 합니다. 선악은 상대적인 것이라고 말하거나, 선악의 구별을 단순한 흑백논리로 여길 수도 있습니다. 우리의 삶이 너무 복잡하기에 상황과 관점에 따라 선악을 구별하기 어려울 때도 있습니다. 하지만 그렇다고 해서 빛에 어둠이 있다거나 그림자에도 빛이 있다고 말할 수는 없습니다.

우리 안에 선과 악의 모습이 흔하게 공존한다 할지라도 우리는 그중 어떤 부분이 악한 것인지 알아야 합니다. 먼저 내 마음에 빛을 비추어 악한 부분이 있는지 살펴야 다른 사람을 오해 없이 받아들이고 더 잘 이해할 수 있습니다. 상대방을 이해하고 공감한다는 것은 그 사람의 입장에서 경험하는 감정을 상상하고 헤아려 보는 것이지 상대방이 악한 생각과 악한 행동을 했는데도 무조건 긍정하는 것이 아닙니다. 오히려 그가 자기 마음 안에 있는 악을 볼 수 있도록 비춰 줄 수 있다면 그것이 그를 진정으로 사랑하는 방법일 것입니다. 상대방을 존중하고 주관적인 감정을 인정한다고 해서 선과 악, 참과 거짓을 희석시키지 않습니다. 우리는 서로 더 잘 사랑하기 위해서 악에서 멀어져야 합니다.

선과 악을 분별하기란 정말 중요하면서도 어렵습니다. 선악을 알게 해 준다는 선악과를 먹은 이후 인간은 선악을 잘 분별하게 되었다기보다 자신의 악이 아무것도 아닌 것처럼 숨기고 거짓말을 하게 되었다고 봅니다. 요한복음에서 사탄은 "거짓말쟁이요 거짓의 아비"라고 하였습니다. 우리가 하나님의 사랑받는 자녀임을 깨달아 우리 자신을 바로 보게 되었다면 거짓의 유혹에 다시 넘어가지 않도록 주의해야 합니다.

스캇 펙은 『거짓의 사람들』에서 "게으름과 나르시시즘이 모든 인간 악의 뿌리"라고 하였습니다. 자기를 사랑하는 것은 나 자신을 바로 알고 존중하며, 약점과 잘못과 부족함이 있음에도 하나님의 은혜에 힘입어 있는 그대로 사랑하는 것입니다. 자아를 확장하고 성장시키는 사랑은 유익하며 문제가 되지 않습니다. 하지만 병적인 자기애에 빠지면 자신을 우상화하고 이상화하며, 자신의 잘못과 부족한 점을 있는 그대로 보지 못합니다. 성경에서는 교만함을 경고하고 겸손을 배우라고 강조합니다. 교만은 자신을 높이는 마음입니다. 자신이 하나님처럼 위대한 존재라고 착각하는 것입니다. 교만은 병적인 자기애라고 할 수 있습니다.

우리가 악에 민감하지 않으면 자기의 잘못에 대해 책임지지 않고 다른 이에게 전가하고 합리화하기 쉽습니다. 자기의 잘못을 인정하는 것은 이상적인 자기 이미지에 손상을 주는 일이라 견딜 수 없이 고통스럽기 때문입니다. 또 잘못된 점을 바로잡으려면 그것을 개선하기 위한 많은 시간과 노력이 필요하고, 어떤 경우는 잘못을 고치기 위해 부지런히 애를 썼다 할지라도 해결이 되지 않을 가능성도 있습니다. 심지어 사랑으로 맺어진 가정에서도 부모의 잘못을 가장 힘이 약한 어린 자녀에게 투사하여 희생양으로 삼기도 합니다. 자녀의 눈 속에 있는 티를 지적하고 비판하면서 자기 눈 속에 있는 들보는 모른 척하기도 합니다. 자신의 잘못을 자기보다 약한 사람 탓으로 돌리는 것은 간단하지만 악한 방법입니다. 자신의 악을 바로잡는 것도 힘이 드는 일이지만 다른 사람의 악을 바로잡고자 개입하는 것 역시 자신의 시간과 에너지를 써야 하는 일입니다. 귀찮다는 이유로, 나와 상관없다는 이유로 악을 방관한다면 당장 괴롭거나 위험한 상황에 휩쓸리는 일은 피할지 모르지만 점점 더 악에 둔감해질 것입니다. 두려운 것은 누구라도 진실과 선을 추구하는 노력을 게을리하면 악에 동조할 수 있다는 점입니다.

로마서에 "사랑에는 거짓이 없나니 악을 미워하고 선에 속하라"고 하였습니다. 악은 거짓으로 우리를 속입니다. 악으로부터 우리 자신을 지키는 방법은 하나님 품 안에 있는 것입니다. 그리스도의 사랑 안에 거하며 사랑에 물드는 것이 우리를 악으로부터 보호하는 지혜라고 생각합니다. 자신에게는 아무런 문제가 없다고 스스로를 속이는 것은 병식insight into illness이 없는 것과도 같습니다. 정신과에서 병식이란 환자가 자신이 병을 앓고 있다는 사실을 인지하고 이해하는 상태를 말합니다. 병식이 전혀 없는 경우 치료가 매우 어렵습니다. 잘못을 인정하지 않는 것, 잘못이 없다고 스스로에게 거짓말을 하는 것은 아담에서부터 시작된 우리 인간의 죄성입니다. 잘못이 밝히 드러날까 두려워 어둠에 머물기를 선택하지 말고 잘못을 인정하고 빛으로 나아가는 것을 선택해야 합니다. 어둠에 머무는 선택을 반복하다 보면 그것에 익숙해지기 때문에 잘못에 대한 죄책감을 더 이상 느끼지 못할 수도 있습니다. 어쩌다 넘어지고 실수하더라도 포기하지 말고 다시 빛으로 나아가는 선택을 해야 합니다.

빛은 어둠을 몰아내고 우리 마음속을 환하게 비추어 줍니다. 병을 일으키는 세균과 같이 우리 영혼을 병들게 하는 죄악을 소독해 줍니다. 우리 안의 수치심, 죄책감 등 비참한 얼룩을 깨끗이 사라지게 해 줍니다. 옷을 햇볕에 널어 말리듯 빛 앞으로 나아와, 빛을 받고, 빛 속에 있어야 합니다. 빛은 우리 영혼을 하나님의 사랑으로 채우며 거룩하신 하나님을 향한 믿음과 소망을 상기시킵니다. 우리는 오직 빛이신 예수님으로 말미암아 생명을 얻고 악에서 구원받으며 거룩한 삶을 살 수 있습니다. 언제든지 빛을 향해 나온다면, 스스로의 힘으로는 선해질 수 없는 어두운 마음이라도 볕 들 날이 옵니다. 햇살에 보송하게 잘 마른 빨래를 개며 주님의 빛이 제 마음도 반듯하고 깨끗하게 해 주시기를 기도해 봅니다.

함께한 책

★ 스캇 펙, 『거짓의 사람들』, 비전과리더십, 2010.
★ 요한복음.
★ 로마서.

가장 중요한

　　　　가치

그중의 제일은 사랑

2016년 나홍진 감독의 〈곡성〉이란 작품이 큰 인기를 끌었지만 저는 무서운 영화의 무서운 여운을 싫어해서 영화를 보지는 않았습니다. 영화는 안 보았으면서 당시 유행하던 "뭣이 중헌디?"라는 대사는 많이 따라 했어요. 바쁘다는 핑계로 집 안이 엉망일 때도, 무언가 선택하고 결정해야 할 때도 저 혼자 "뭣이 중헌디?" 중얼거리고 남편이 전자제품을 며칠째 고르고 있으면 "뭣이 중힌디!" 하며 재촉

할 때 썼지요. '뭣이 중헌지' 고민하는 것은 제가 중요하다고 생각하는 가치를 중심으로 판단하고 결정하는 것입니다. 어떤 일을 선택할 때 그것이 나와 이웃을 사랑하고 성장시키는 길이라면 조금 힘들어도 견뎌 볼 만하다고 생각합니다. 좋은 일이라고 해서 무조건 도전하기보다는 내 안에 그 사람을, 또는 그 일을 사랑하는 마음이 있는지 고민해 봅니다. 겉보기에 당연히 좋은 일로 보이더라도 내 안에 사랑의 마음이 없다면 다시 고민해 보거나 보류합니다. '뭣이 중헌디'에서 '무엇'은 아마 가장 좋은 것, 사랑일 것입니다.

그리스 로마 신화에서 인간인 프시케(영혼)가 신인 에로스(사랑)에게 다시 돌아가기 위해 고난의 여정을 끝까지 걸어갔듯이 사랑은 모험을 하게 하고 인내하게 만듭니다. 사랑하는 상대방을 위해 위험을 감수하게 하고 안전하고 익숙한 길에서 벗어나게 합니다. 자신을 더 나은 방향으로 변화시키고 성장시키는 모험의 길로 들어서게 합니다. 자녀들이 힘든 공부를 해내고 꿈을 위해 도전하는 것은 자신을 믿어 주고 사랑하는 어른들이 있기 때문입니다. 일터에서 고된 일을 하면서도 참고 견뎌 내며 다시 힘을 낼 수 있는 것은 사랑하는 가족을 생각하기 때문입니다. 그리스도인이 실패하고 넘어지면서도 다시 회개하고 거룩하게 살고자 하는 것은 거룩하신 하나님의 사랑을 믿기 때문입니다. 나를 사랑하시고 나를 위해 십자가에서 돌아가신 예수님, 서로 사랑하라고 말씀하신 예수님을 사랑하기 때문입니다. 그리스도의 사랑은 영적으로 성장하고 인내로 성숙을 이루어 가도록 우리를 변화시킵니다.

사랑은 열매처럼 밤낮으로 여물어서 누군가에게 기쁨을 줍니다. 농부의 애정 어린 보살핌을 받아 열매가 익어 가며 점점 좋은 맛을 내듯이, 사랑은 시선과 시간이 쌓이며 점점 더 깊어집니다. 마찬가지로 우리가 하나님과 함께하는 시간이 쌓일수록 하나님에 대한 믿음과 사랑이 더 깊어집니다. 하나님을 그저 머리로 아는 것을 넘어서 '나의 하나님', '하나님 아버지'로 부르며 인격적으로 만나게 됩니다. 친구를 사귀는 과정을 생각해 볼게요. 먼저 그를 조금씩 알아 갑니다. 그에 대한 '믿음'이 생기면 좋은 친구가 됩니다. 친구에 대한 믿음이 더 쌓이면서 '사랑'하게 됩니다. 요한복음에서는 예수님이 하나님의 아들이심을 믿고 그 사랑 안에 살며 우리가 서로 사랑하면 예수께서 우리를 친구라 부르신다고 하였습니다. 하나님이 먼저 우리를 사랑하셨다고도 하였지요. 하나님을 알게 되고 믿음이 깊어질수록 하나님과 나와의 관계도 깊어지고 사랑하는 마음도 커집니다. 그 마음이 차고 넘치면 이웃 사랑으로 흘러갈 수 있다고 생각합니다.

    한편 예수님은 베드로에게 "내 양을 먹이라"고 하시기 전에 "나를 믿느냐"고 묻지 않으시고 "나를 사랑하느냐"고 물어보셨습니다. 우리는 예수님을 나의 구주로 믿는 '믿음'으로 죄와 사망에서 구원받습니다. 그러나 예수님을 '사랑'하면 예수님이 사랑하신 다른 사람들까지 사랑할 수 있게 됩니다. 그들을 위해 기도하게 되고 그들에게 복음을 전하게 됩니다. 예수님의 손과 발이 되어 예수님의 사랑을 구체적으로 표현하게 됩니다. '믿음'은 나의 영혼을 구원하고 '사랑'은 다른 사람의 영혼을 구원합니다.

    베드로는 네로 황제가 교회 공동체를 박해할 때 로마의 성도들을 돌보다가 붙잡혀 십자가에 거꾸로 묶여 순교했습니다. 베드로에게 "나를 사랑하느냐"고 물어보신 성경 구절을 읽으며 저는 '하나님의 일을 하는 사람들의 헌신과 능력은 예수님을 더 사랑하는 데서 나오는구나' 하고 생각했습니다. 하나님은 주님을 사랑하기 때문에 모험을 하고 주님을 사랑하기 때문에 인내하는 사람을 당신의 손과 발과 도구로 사용하실 것입니다. 우리가 하나님을 사랑할 때 하나님은 우리를 사용하셔서 그분의 나라와 뜻을 이루기 위하여 일하십니다.

우리가 다른 사람을 사랑하고 있더라도 그 사랑이 온전한 것이 아닐 수도 있습니다. 다른 사람을 위한다고 말하면서 자기중심적인 마음으로 거짓 사랑을 할 때도 있습니다. 봉사와 섬김을 하는 자신의 모습이 좋아서 사랑이라는 단어로 포장하며 자기만족을 추구한다면 그것은 위선이겠지요. 진실한 사랑은 자신을 내어 놓아야 하기에 실천하기가 참 어렵습니다. 오늘날 기독교인은 믿지 않는 사람들로부터 그리스도를 닮지 않은 그리스도인이라고 비판받기도 합니다. 저 또한 예수님을 믿는다고 말하면서 예수님이 본을 보이신 그 사랑을 제대로 실천하지 못하고 있습니다. 저에게는 베드로처럼 예수님을 깊이 사랑하는 마음이 부족한 것 같습니다. 하나님이 제 안에 주님을 향한 사랑을 가득 채워 주시고 또 흘러가게 해 주시기를 기도해야겠어요. 참사랑이신 하나님을 사랑하는 마음이 있어야 하나님의 마음으로 다른 사람들을 사랑할 수 있을 것입니다.

　　하나님은 우리를 사랑하십니다. 이해타산적이거나 일방적인 관계 맺음이 아니라 인격적인 관계를 맺고 서로 사랑하기 원하십니다. 세상에서는 더 많이 사랑하는 사람이 지는 것처럼 보이지만 하나님은 지는 사람들을 통해 세상을 이기도록 하십니다. 만약 사람들이 신을 믿되 신의 사랑을 알지 못한다면 신을 재앙이나 벌을 내리는 두려운 존재로만 생각할 것입니다. 그러나 하나님은 사랑이시고 하나님의 사랑은 완벽합니다. 하나님의 아들이신 예수님이 우리를 사랑하셔서 스스로 희생 제물이 되셨습니다.

사랑하는 마음은 상대방을 위해 헌신하고 희생합니다. 예수님이 십자가로 그 사랑을 확증하셨기에 우리가 그 사랑을 알고 믿고 의지합니다. 하나님의 사랑이 우리를 치유하고 성장시키고 살게 하기에 우리도 하나님을 사랑합니다. 집안일을 할 때도, 직장에서 일을 할 때도, 그리고 아무 일도 하지 않을 때도 하나님을 사랑하는 마음을 잃지 않았으면 좋겠습니다. 가장 '중한' 가치는 사랑이니까요.

함께한 책

★ 이용규, 김상철, 『부활』, 규장, 2020.
★ 요한복음.
★ 요한일서.

우리를 지켜 주는 아이들

천사 손님

8월의 어느 여름날, 교회에서 있었던 일입니다. 남편과 교회 본당에 앉아 목사님의 설교 말씀을 듣는데 뒷자리에서 어린아이가 칭얼대는 소리가 들렸습니다. 아이들은 주로 유치부나 유아부에서 예배를 드리는데 어쩐 일인지 엄마 옆에 작은 여자아이가 함께 앉아 있었습니다. 무슨 일인지 모르겠지만 결국 아이는 "으앙~" 하고 큰 소리로 울었고 아이 엄마는 예배당 밖으로 아이를 메리고 니가더군요. 이제 조용하게 말씀에 집중할 수 있겠다 싶었는데 아이는 엄마 손에 끌려 나가면서 무척 큰 목소리로 "하나님한테 다 이를 거야!"라고 외치며 퇴장했습니다. 덕분에 예배당 안에 있던 사람들은 모두 웃음을 터뜨렸습니다. 예배를 방해하긴 했지만 하나님을 든든한 자기편으로 확신하고 있는 아이가 어찌나 사랑스럽고 귀엽던지요. 그날 목사님이 전해 주신 말씀은 제대로 못 들었지만 하나님을 굳게 믿고 의지하는 순수한 아이 덕분에 마음이 환해졌습니다. (한편으로는 하나님이 맡겨 주신 아이를 사랑으로 잘 키우지 못한다면 하나님께 혼날 수도 있겠다는 생각이 들어 가슴이 뜨끔했습니다.)

"사람들이 예수께서 만져 주심을 바라고 자기 어린 아기를 데리고 오매 제자들이 보고 꾸짖거늘 예수께서 그 어린 아이들을 불러 가까이 하시고 이르시되 어린 아이들이 내게 오는 것을 용납하고 금하지 말라. 하나님의 나라가 이런 자의 것이니라. 내가 진실로 너희에게 이르노니 누구든지 하나님의 나라를 어린 아이와 같이 받아들이지 않는 자는 결단코 거기 들어가지 못하리라 하시니라." 누가복음에 나오는 이야기입니다.

예수님은 어린아이들을 사랑하시고 어린아이와 같은 믿음이라야 하나님의 나라에 들어갈 수 있다고 말씀하셨습니다. 제자들은 어린아이들이 예수님의 시간을 뺏는 것을 원치 않았나 봅니다. 아마도 어린아이들이 예수님을 귀찮게 한다고 생각한 것 같습니다. 저도 아이를 사랑한다고 하면서 제자들이 한 것처럼 중요한 사람과 중요한 이야기를 한다는 이유로 아이가 곁에 오는 것을 귀찮게 생각한 적은 없었는지 반성하게 됩니다. 들어도 어차피 잘 모르는 내용이라며 아이의 질문을 무시하지는 않았는지, 나 좀 봐 달라는 재잘거림에 건성으로 대답하지는 않았는지, 할 일이 많고 바쁘다고 해서 같이 놀자는 말에 인상을 찌푸리지 않았는지 말이지요. 하나님께 이르겠다며 엄마를 협박(?)하는 당찬 아이의 말을 듣고 예수님이 제자들에게 왜 그런 말씀을 하셨는지 알 것 같았어요. 저도 그 아이처럼 하나님을 전적으로 신뢰하는 순수한 믿음을 갖고 싶습니다.

저는 아이가 평화로운 얼굴로 곤히 자고 있을 때 가끔 이런 생각을 합니다. '혹시…… 천사 아닐까?' 천사를 본 적도 없지만 아이의 순수하고 평화로운 표정을 보면 천사 같다는 생각이 들어요. 진짜 천사는 어떤 모습을 하고 있을까요? 보통 만화에서는 천사를 사람과 다르게 표현하기 위해 빛나는 천사링과 예쁜 날개를 달아 줍니다. 하지만 "손님 대접하기를 잊지 말라. 이로써 부지중에 천사들을 대접한 이들이 있었느니라"라는 말씀을 보면,

천사는 우리와 같이 평범한 모습을 하고 있을지도 모릅니다.

'천사 같은 아이들'이라는 오래된 표현은 어린이란 존재가 의심 많은 어른들과 매우 다르게 느껴지기 때문에 하는 말일 수도 있습니다. 아이들은 어른들의 이야기를 그대로 믿습니다. 자기가 믿고 상상하는 것이 곧 현실인 것처럼 생각하기도 합니다. 그것이 때로는 순진해 보이고 무지에서 나온 어리숙한 믿음처럼 보일지라도 어린이의 순진함은 순전한 믿음과 순수한 마음으로 성장하는 밑바탕이 된다고 생각합니다. 아이는 어른으로 성장하면서 이야기 바깥의 진짜 현실 세상을 알아 갑니다. 현실의 어두운 면과 악을 바로 보되 허무주의에 빠지거나 악에 물들지 않는 것, 하나님의 선하심을 온전히 신뢰하고 소망과 사랑을 잃지 않는 것이 순전한 믿음과 순수한 마음을 지키는 것입니다. 부모의 중요한 역할은 자녀가 하나님의 사랑 안에서 지혜롭게 분별할 줄 알고 경건하고 순결하게 성장하도록 중보하는 것이겠지요.

천사 같은 우리 아이들은 각 가정에 장기 투숙하는 특별 손님이자 세상에서 가장 사랑스러운 손님입니다. 아이들은 부지런히 자라서 어느새 어른이 되고 언젠가 부모의 품을 떠나겠지요. 어떻게 하면 같이 사는 동안 귀한 손님처럼 잘 대접하고 보살펴 줄 수 있을까요? '100세 철학자'라는 별명을 가진 김형석 교수는 어느 인터뷰에서 자녀 교육의 핵심이 무엇이냐는 질문에 "부모가 아이의 자유를 소중하게 여기는 것"이라고 대답하였습니다. 자녀가 아주 어릴 때는 보호해 주어야 하지만 조금 더 자라면 자녀에게 선택의 자유를 주어야 마음의 근육이 자랄 수 있다고 합니다. 저도 그분의 말씀에 동의합니다. 하나님이 우리를 사랑하셔서 우리에게 자유 의지를 주셨듯이 아이들의 자유 의지를 존중하는 것이 아이를 사랑하고 잘 대접하는 방법이라고 생각합니다. 사랑은 아이들의 마음에 자유로운 날개를 달아 주는 것입니다.

우리는 모두 어린이였고 누구에게나 어린 시절이 있습니다. 저는 어렸을 때 비교적 자유로운 시간이 많아서 "오늘은 뭐 하지?" 하고 고민하는 '시간 부자'였는데, 요즘 아이들은 정말 바쁜 것 같습니다. 사회가 변하는 속도가 점점 더 빨라지고 있습니다. 6.25 전쟁으로 폐허가 되었던 우리나라는 경제를 회복하는 수준을 넘어 빠르게 성장했고 개발도상국에서 선진국이 되었지요. 베이비 부머 세대가 학교를 다니던 시절에는 먹을 것이 늘 부족했다고 합니다. 가정 형편 때문에 상급 학교 진학을 포기하고 취업을 한 분들도 많았지요. 그 손주 세대인 요즘 아이들은 생활의 무게보다는 입시의 무게로 슬거운 유년 시절을 제대로 누리지 못하는 것 같아 안타깝습니다. 학교에서, 학원에서, 심지어 집에서까지 너무 많은 것들을 배우고 익히느라 지치고 피곤해하는 아이들을 보면 괜히 미안한 마음이 듭니다. 공부할 것이 너무 많아 마음 편히 자유롭게 보내는 시간이 늘 부족합니다. 과도한 업무로 '쉬지 못하는 어른들'이 결국 자녀들을 과도한 학업 때문에 '놀지 못하는 아이들'로 키우고 있는 건 아닌지 모르겠습니다. 아이들에게 '번아웃'을 물려주어선 안 되겠지요. 스트레스가 쌓여 답답하고 화가 나는 아이의 마음을 몰라주고 계속 공부한 성과를 내라고 몰아붙인다면 아이는 절망하고 무기력해질 수 있습니다. 견디다 못해 마음이 무너지면 다시 회복되고 일어서는 데 아주 오랜 시간이 필요할지 모릅니다. 아이들이 넘어졌을 때에도 억지로 일으켜 세우는 것이 아니라 함께 기다려 주고 시행착오를 통해 배울 수 있는 기회와 선택의 자유를 주어야 합니다.

우리는 스스로 어린이의 유일한 보호자인 것처럼 착각하지만 모든 이의 진정한 보호자는 하나님입니다. 우리는 부족한 부모이지만 참 부모인 하나님은 완전하십니다. 한편 어른들도 아이들로부터 보호를 받습니다. 어른들에게 지켜야 할 소중한 아이들이 있다는 것은 내 삶이 어떠해야 한다는 의무와 책임감을 부여해 줍니다. 세상의 악과 위험으로부터 연약한 자녀를 지키기 위한 마음가짐과 행동이 도리어 그 부모를 나태함과 교만과 악의 유혹으로부터 보호해 줍니다. 아이를 키우면서 겸손을 배우게 되고 부족한 나를 돌아보게 됩니다. 우리를 거룩한 삶으로 안내하는 천사 같은 우리 아이들, 우리는 부지중에 천사와 마주하고 있는지도 모릅니다.

함께한 책과 글
★ 누가복음.
★ 히브리서.
★ 김형석, 중앙일보 인터뷰.

기도하며
　　　　사는 삶

질문을 품고 사는 것

코로나19 유행으로 아이들이 학교에 가지 못하고 집에서 온라인 수업을 받던 때의 일입니다. 아파트 단지를 가로질러 빵집에 가다가 어느 집 창문을 통해 흘러나오는 또랑또랑하고 경쾌한 피아노 소리를 들었습니다. 익숙한 멜로디라 귀 기울여 들어 보니 김광민의 '학교 가는 길'이었습니다. 혹시 피아노 연주자가 학교를 가지 못하고 있는 초등학생이 아닐까 상상하니 귀여우면서도 안쓰럽더군요. 어린이들은 넓은 공간에서 다양한 신체 활동을 하며 몸과 마음이 성장하고 또래들과 함께 놀면서 사회성이 발달합니다. 더 큰 세상을 탐험할 나이에 코로나19에 감염될까 봐 학교에 가지 못하는 것이 정말 안타까웠습니다.

이럴 때는 저희 아들이 좋아하는 '테스 형' 노래나 들어야겠어요. 이 노래가 왜 좋은지 물어봤더니 전주 부분이 신나서 좋다고 하네요. 역사 속 인물인 소크라테스를 친근하게 형이라고 부르며 세상이 왜 이러냐고 푸념하는 부분이 재미있긴 하지만 잘 들어 보면 마냥 웃을 수만은 없는 가사입니다. 테스 형이라고 부르니 잘 아는 사이 같은데, 제가 소크라테스에 대해 알고 있는 것이라곤 겨우 "너 자신을 알라"는 한 문장뿐입니다.

새로 들어온 책이 있나 살펴보려고 어슬렁어슬렁 동네 도서관에 갔다가 마침 반가운 책을 발견했습니다. 소크라테스에 대해 중요한 내용만 쉽고 간단하게 알려 줄 것 같은 책, 바로 『소크라테스 익스프레스』였습니다. 이과생이라는 핑계를 대며 철학 서적을 읽기 힘들어하는 저 같은 사람을 위한 책입니다. 소크라테스는 자신의 무지를 아는 지혜를 가졌습니다. 그는 질문을 통해 사람들이 자신의 삶을 어떻게 살아야 할지 스스로 깨닫도록 가르칩니다. 소크라테스 열차를 타고 작가와 함께 목적지 없는 독서 여행을 하던 중 제이컵 니들먼이라는 철학자를 소개받

앉습니다. 그는 "우리 문화는 일반적으로 질문을 경험하기보다는 문제를 해결하려는 경향이 있다"는 말을 하며 소크라테스를 가리켜 질문을 '경험'한 사람이라고 하였습니다. 질문을 경험하고 질문을 살아 낸다는 것은 "오랜 시간 마음 한구석에 질문을 품는" 것입니다. 저 또한 문제가 있을 때면 빨리 해결하고 결정해야 마음이 편해집니다. 모호하고 불확실한 상태가 오랫동안 지속되는 것이 답답하기도 하고요. 하지만 인생을 바꿔 놓을 정말 중요한 문제는 서두르지 않고 마음 깊은 곳의 대답을 기다려야 합니다. '어떻게 살아야 하는가?'라는 깊이 있는 질문은 평생 마음에 품고 살아야 하겠지요. 질문을 살아 내는 것은 물음에 곧바로 답하지 않는 것입니다. 삶을 살아 내는 동안 언젠가 그 답에 가까워질 수 있음을 믿는 것입니다.

자신의 무지에서 벗어나기 위해 질문하고 생각하고 깨닫는 것은 지혜로운 행동입니다. 이 책을 통해 어떤 질문은 오랜 시간 품고 살아야 한다는 것을 배우게 되었습니다. 이를테면 '어떻게 해야 좋은 치료자가 될 것인가'라는 문제는 평생 생각하고 기억하고 또 생각해야겠다고요. 부끄럽게도 지나고 보니 제가 그동안 욥의 세 친구와 같이 어리석었습니다. 해결해 줄 수 없는 문제임에도 불구하고 빨리 돕고 싶은 마음에 성급한 조언을 하기도 했고 충분히 공감하고 기다리지 않은 채 훈수를 두었던 적이 얼마나 많았던지요. 고통스러운 순간을 조금 더 같이 견뎌 줄 걸, 마음 아픈 그 자리에 함께 충분히 머물러 줄 걸, 질문을 끌어안고 스스로 답을 찾을 때까지 기다려 줄 걸 그랬습니다.

정신과 의사들은 환자들이 우울증이 심할 때 이혼이라든지 학교나 직장을 그만두는 등 삶의 중요한 문제에 대한 판단을 보류하라고 권유합니다. 특히 '사느냐 죽느냐'라는 스스로의 질문에 충동적으로 자살이라는 결론을 내리지 말아야 합니다. 절망에 빠져 있을 때 인내심을 갖고 기다리며 더 나은 대안을 찾는 것이 말처럼 쉽지는 않지요. 판단을 보류한다는 말은 중요한 문제들을 회피하는 것이 아니라 우울증이 나아졌을 때 천천히 신중하게 생각할 수 있도록 문제를 품고 있는 것을 말합니다. 우울 증상이 호전되면 자기 자신을 바로 보게 되고 세상에 대한 관점도 달라지기 때문에 분명 스스로에게 더 나은 결정을 하게 될 것입니다.

자기 자신을 바로 보는 것과 세상에 대한 탐구는 바로 철학의 주제이기도 합니다. 철학은 우리가 '누구'이며 '어떻게' 살아야 하는가 스스로 질문하고 삶의 지혜를 찾아가도록 도와줍니다. 한편 신앙은 하나님의 말씀 안에 교훈이 가득하고 더 높은 지혜가 있음을 믿는 것입니다.

그리스도인의 정체성은 '하나님의 자녀'이며, 그리스도인은 '하나님 나라를 위해 이 땅에서 청지기의 삶을 살고자' 합니다.

철학은 사는 동안 '죽음'을 생각하고 수용해야 삶을 온전히 살아갈 수 있다고 말합니다. '메멘토 모리', '죽음을 기억하라'는 유명한 라틴어 문장입니다. '인간은 누구나 죽는다'는 사실을 기억할 때 삶의 기회와 시간은 더없이 소중하게 느껴집니다. 예수님을 믿는 사람들도 언젠가 죽음을 거치지만 죽음이 끝이 아님을 믿고 영원한 생명의 소망을 품고 삽니다. 그리스도인은 '부활'을 기억할 때 지상의 삶의 기회와 시간을 보다 가치 있게 사용합니다. 기독교는 사는 동안 '부활을 기억하라'고 말합니다.

이제 아이들이 예전처럼 매일 학교에 가고 있습니다. 코로나19가 왜, 어떻게 해서 퍼졌는지, 코로나19 이후 달라진 삶을 어떻게 살아야 하는지에 대한 답은 저도 알지 못합니다. 소크라테스 오빠(?)에게 물어보아도 답을 알려 주지 않습니다. 감사한 것은 앞으로 어떻게 살아야 하는지에 대해 저 혼자 고민하지 않아도 된다는 것입니다. 그리스도인에게 '질문을 품고 사는 것'은 '기도하며 사는 것'과도 같습니다. 하나님께 기도하며 질문한다면 철학을 잘 알지 못해도 성령 하나님이 지혜를 깨닫게 해 주실 것을 믿습니다. 하나님이 지혜를 주신다고 하였으니까요.

　　하나님의 주권을 인정하고 우리가 그분의 사랑 안에 있음을 받아들일 때 삶은 '투쟁'이 아니라 '성장'하기 위한 과정이 됩니다. 모든 일에 기도와 간구로 감사하며 아뢰면 모든 지각에 뛰어난 하나님의 평강이 주 안에서 우리 마음과 생각을 지켜 주신다고 하셨습니다. 아이들이 다시 학교에 다닐 수 있게 되어 감사합니다. 학교에 갈 수 없게 되어서야 비로소 학교생활의 소중함을 알게 되었습니다. 아이들이 가볍고 설레는 마음으로 학교에 다닐 수 있기를, 그리고 코로나19 이후 우리의 삶을 날마다 선하게 인도해 주시기를 기도합니다.

함께한 책
★ 에릭 와이너, 『소크라테스 익스프레스』, 어크로스, 2021.
★ 잠언.
★ 빌립보서.

이번 생을 망하지 않는
　　　　　최고의 방법

플랜 J

2021년 4월, 〈미나리〉라는 영화가 큰 사랑을 받았습니다. 미국으로 이민을 간 한국인 가족이 낯선 땅에서 농장을 가꾸며 정착해 나가는 삶의 여정을 담은 영화입니다. 윤여정 배우가 아카데미 여우조연상을 비롯하여 많은 상을 받고 세계적으로 연기력을 인정받았지요. 당시 코로나19 때문에 영화관 가는 것이 조심스러워 아쉽게도 영화를 보러 가지는 못했어요. 영화에 대한 글을 인터넷 기사

로만 읽었는데 영화 제작사 이름이 매우 특이했습니다. 브래드 피트가 소유하고 있다는 '플랜 B 엔터테인먼트'입니다.

여기서 B가 단순히 A 다음에 오는 알파벳이 아니라 다른 뜻을 가진 단어의 약자인지는 모르겠지만 흔히 플랜 B는 첫 번째 계획이 실패했을 때를 대비한 두 번째 대안을 뜻합니다. 저는 계획을 세울 때 느슨하게 짜는 편이고 무언가 막히고 잘 안 풀리면 그때 가서 다시 고민을 합니다. 계획을 아주 꼼꼼히 세우는 분들은 변동 상황이 생길 것을 고려하여 플랜 B, 플랜 C를 미리 생각해 놓는다고 하더군요. 아무리 멋진 계획을 세우더라도 갑자기 비가 온다든지 아이가 아프다든지 예측하지 못한 변수 때문에 일이 계획대로 되지 않는 경험을 하다 보면 저 같은 사람은 계획을 대충 세우는 반면, 완벽을 추구하는 분들은 계획을 더 치밀하게 전략적으로 짜는 것이지요.

우리는 스스로 지키지 못할 계획을 세우고 계획을 변경하거나 취소하기도 하며 또다시 새로운 계획을 세우곤 합니다. 제가 자주 그럽니다. 하지만 위안이 되는 사실은 제가 이미 성공한 위대한 계획 안에 안전하게 들어와 있다는 것입니다. 예수님이 죄와 사망을 이기시고 아버지 집에 우리를 위해 거처를 예비하신다고 말씀하셨으니 말입니다. 세상에서 가장 완벽한 계획이 하나 있다면 바로

'플랜 J'라고 할 수 있습니다. 예수님의 구원 계획이야말로 완벽하게 완성된 단 하나의 계획이니까요. "다른 이로써는 구원을 받을 수 없나니" 예수님은 믿는 모든 자에게 "영원한 구원의 근원이 되시고" "자기를 힘입어 하나님께 나아가는 자들을 온전히 구원하실 수 있으니" 우리는 오직 믿음으로 나아가면 됩니다.

혹시 '이번 생은 망했다'는 뜻의 '이생망'이라는 말을 들어 보셨나요? 일종의 자학 개그로 웃자고 만든 말이지만, 어쩌면 예수님을 믿지 않는 사람들도 무의식적으로 죽음 뒤에 다음 생이 있을 것 같다고 느끼는 게 아닐까요? 예수님을 영접한 그리스도인은 죽음 이후 몸이 부활하는 것과 영생을 믿으며 천국에서 다시 만날 소망을 갖고 삽니다. 혹시 예수님을 믿지 않는 친구가 이번 생은 망했다며 다음 생은 지금보다 낫기를 바란다면 지금이 예수님을 전할 좋은 기회일지도 모릅니다. (주변에 '이생망'이라는 말을 자주 쓰는 친구가 있나 살펴보세요!)

저는 약 15년 전 대학을 졸업하기 직전에 친한 친구를 통해 예수님을 만나게 되었습니다. 의사 국가고시를 코앞에 두고도 저에게 성경 공부를 시켜 준 고마운 친구입니다. 둘 다 은혜로 합격했지요. 그런데 인턴 수련 과정이 끝나고 정신과가 아닌 다른 과를 지원했다가 그만 똑

떨어지고 말았습니다. 다음 전공의 선발 시험까지 1년 동안 쉬면서 앞으로 어떤 전공을 해야 할지, 어떤 길을 가야 할지 고민을 했습니다. 그때 읽은 시편 말씀, "또 여호와를 기뻐하라. 그가 네 마음의 소원을 네게 이루어 주시리로다"는 모든 것이 불확실하게 느껴져 불안해하던 20대의 저에게 큰 위로와 희망이 되었습니다. 실패를 반복하게 될까 봐 두렵고 어떤 선택을 해야 좋을지 전혀 알 수 없었지만, 하나님을 기뻐하면 분명 선한 방향으로 저를 이끌어 주실 것이라는 예감이 들었어요. 저는 자주 길을 잃고 어디로 가야 할지 망설였지만 그때마다 하나님은 제가 만나야 할 사람을 적확한 때에 만나게 해 주시고 그분의 선하신 계획대로 인도해 주셨습니다.

      이도원은 저서 『진정한 나를 찾아가는 여행』에서 그리스도인의 평안은 "상황적 평안이 아니라 관계적 평안"이라고 말합니다. "성경은 고통과 실패, 위기가 없는 삶, 누구나 부러워할 모든 상황과 환경을 갖추고 사는 삶을 평안하다고 말하지 않"습니다. 예수님은 우리에게 평안을 주겠다고 말씀하셨고 그 평안이 세상이 주는 것과 같지 않다고 하셨습니다. 슬프고 고통스러운 순간에도, 실수하고 실패할 때에도 변하지 않는 소망과 끊을 수 없는 사랑이 바로 우리가 받은 평안의 근거입니다. (사실 저는 "진정한 나를 찾아가는 여행"을 한참 계속해야 하는, 갈 길이 아직 먼 미숙한 신앙인입니다. 감 놔라 배 놔라 할 처지가 못 됩니다만 어쩌다 보니 용감하게 여기까지 왔네요. 진료실 안에서는 차마 못 부리는 오지랖을 여기서 부린다고 생각하시고 부디 너그럽게 들어 주시길 바랍니다.)

이번 생을 망하지 않는 최고의 방법은 예수님을 나의 구세주로 모시기로 결정하는 것입니다. 우리의 몸은 하나님의 성전이라고 합니다. 우리의 영혼은 가장 거룩하고 존엄한 부분입니다. 영혼은 성전 안 깊은 곳에 있는 보좌와 같다고 생각합니다. 우리를 인간답게 하고 또 하나님의 거룩한 백성답게 하는 정체성의 핵심이라고 할까요? 우리는 정신 활동을 통해 하나님을 알게 됩니다. 그리고 우리의 자유 의지로 하나님께 마음을 열고 하나님을 성전 안 보좌에 모실지 말지를 결정합니다. 우리 영혼의 보좌에 겸손히 주님을 모신다면 우리 몸은 성전이 됩니다.

팀 켈러 목사는 "인간의 마음속 깊은 곳에는 누군가를 왕으로 삼으려는 갈망이 있다"고 하였습니다. 심연의 갈망을 채우려는 영적 본능 때문에 하나님을 섬기지 않는다면 다른 무언가를 삶의 중심으로 삼아 섬기게 된다는 것입니다. 무신론자도 결국은 하나님 대신 다른 어떤 것을 우상처럼 섬기기 십상입니다. 그것이 물질이든 사람이든 인정 욕구이든 자기 자신이든지요. 인간이 스스로 삶을 통제할 수 없음에도 불구하고 우리가 왕이 되어 삶을 통제하려고 하면 좌절하고 불안해하게 됩니다. 하나님께 왕의 자리를 돌려 드리고 나의 주인 되심을 인정한다 해도 사실 앞날을 미리 알 수 있거나 고난이 없는 것은 아닙니다. 하나님이 우리 영혼에 만족을 주시고 우리의 삶이 하나님께 속해 있으니 평안하게 동행할 수 있는 것입니다.

여러분은 계획을 꼼꼼히 세우는 편인가요? 저는 계획을 세울 때 꼼꼼하거나 완벽하지 못한 사람이지만 아주 원대한 계획이 있습니다. 이 땅에서 참 좋으신 주님과 평생 동행하며 평안을 누리고 청지기 역할을 잘 감당하다가 주님이 예비하신 거처, 천국에 가는 것입니다. 하나님은 저뿐만 아니라 우리 모두의 사후 계획을 예비해 두셨습니다. 주님이 주시는 평안한 마음으로 여러분과 신앙의 여정을 함께하고 싶습니다.

함께한 책
★ 히브리서.
★ 시편.
★ 이도원, 『진정한 나를 찾아가는 쉐렝』, 예수전도단, 2018.
★ 팀 켈러, 『팀 켈러의 부활을 입다』, 두란노, 2021.

누가 대신할 수 없는
　　　　　순례길

하나님과 함께 걷는 길

제가 담을 쌓은 것이 두 가지 있어요. 하나는 운전이고 다른 하나는 운동입니다. 운전 면허증을 지갑에 넣어 가지고 다니니 '장롱' 면허는 아니라고 우겨 봅니다. 그런데 얼마 전 아들이 제게 "엄마, 운포자(운전 포기자!)세요?"라고 물어보았을 때 아니라고 답할 수가 없었어요. 연습도 꽤 많이 했지만 쓸데없이 느긋한 반사 신경 탓에 운전이 위험천만하여 운전대를 재빨리(?) 내려놓았습니다. 땀

흘리며 하는 운동도 영 흥미가 없어서 제가 유일하게 하는 운동 비슷한 '활동'은 바로 걷기입니다. 걷기 활동으로 근근이 버티고 있지만 언젠가 운동하는 사람이 되는 것이 매년 새해의 어김없는 소망입니다.

 편안하게 걷다 보면 의식하지 않아도 팔다리가 자연스럽게 움직이게 되고 몸의 감각 기관이 확장되는 느낌이 듭니다. 풍경을 그냥 데면데면 스쳐 지나가지 않고 눈에 고이 담아 둡니다. 자연의 소리를 수집하는 사람처럼 풀벌레 소리와 새소리, 나뭇잎이 바람에 흔들리는 소리를 귀 기울여 듣습니다. 흙을 밟는 발의 느낌과 오늘 부는 바람의 촉감은 어떤지 나의 신체 감각에 집중하게 됩니다. 때로는 멍하니 아무 생각 없이 걷기도 하고 이 생각에서 저 생각으로 건너뛰기도 합니다. 생각이 흘러가는 대로 받아들이고 계속 걷다 보면 어느새 차분한 마음이 됩니다. 그 순간 저 또한 평화로운 풍경의 일부가 되는 것 같습니다.

 아이가 어렸을 때 피아노 학원까지 걸어가는 모습을 아파트 창문으로 내려다본 적이 있습니다. 아이는 앞만 보며 걷지 않고 여기저기 둘러봅니다. 바위에 올라갔다가 깡총 뛰어내리기도 합니다. 혹시 네잎 클로버가 있을까 싶어 풀밭도 들여다보며 느긋하게 걸어갑니다. 집에 돌아오자 "엄마, 제가 학원에서 집까지 오는 길을 열나섯 가지나 찾았어요" 하고 자랑스럽게 이야기하더군요. 가장 가까운 직선으로 걷는 것은 빠르고 효율적이긴 해도 재미없는 길일 수 있습니다. 인생길도 자기다운 삶의 방식으로 자기만의 길을 가고 또 자신에게 주어진 시간만큼 걷다 가는 것이겠지요. 길을 걸어가는 모습이 곧 지금 우리 삶의 모습 같습니다.

안타깝게도 코로나19 이후 가기 어려운 곳이 되었지만, 한동안 스페인의 산티아고 데 콤포스텔라 순례길을 걷는 여행 코스가 인기였습니다. 종교적 이유와 문화 체험을 목적으로 방문하는 경우가 대부분이었지만 종교와 무관하게 산티아고 순례길을 걸으려는 배낭 여행자도 꽤 있었다고 합니다. 여행자들은 번잡한 세상의 소음에서 벗어나 걷고 또 걸으며 자신의 내면에 온전히 집중하는 시간을 갖는다고 합니다. 산티아고에서 누군가 걸어갔던 발자취를 따라 걷는 것은 비록 혼자 걷더라도 앞서 걸었던 이들로부터 정신적 에너지를 받는 좋은 경험일 것이라고 생각합니다. 게다가 아름다운 길을 걷는 것은 그 자체로 치유의 힘이 있으니까요. 하지만 오래전부터 수많은 사람들이 순례길을 지나갔다 해도 그 길에서 각자 느낀 감정과 생각이 다를 테니 완전히 같은 길은 아닙니다. 오로지 자신만의 순례길인 것입니다.

아주 유명한 순례자의 이야기가 하나 생각납니다. 바로 존 버니언의 『천로역정』입니다. 이 책은 주인공 크리스천이 멸망의 도시를 떠나 영원한 생명과 구원이 있는 천성을 향해 여행하는 내용의 소설입니다. 1678년 발표된 이후 지금까지 80개 이상의 언어로 번역되었다고 하지요. 존 버니언은 그리스도인의 인생을 천국 가는 길로 묘사하여 고스란히 한 권의 책 속에 담아 놓았습니다.

책을 읽다 보면 주인공 크리스천과 함께 그 길을 걷게 됩니다. 크리스천이 절망의 수렁을 지나 십자가 언덕에서 무거운 짐을 벗었을 때 저 또한 어깨가 가벼워지는 것 같았습니다. 전신갑주를 입고 겸손의 계곡과 사망의 음침한 골짜기를 지나는 모습에서는 눈에 보이지 않는 영적 전쟁을 생생하게 그려 볼 수 있었습니다. 크리스천은 허영의 시장에서 '믿음'이라는 소중한 동역자를 잃게 되지만 '소망'이라는 새로운 친구와 함께 탈출하여 마침내 천국에 이르게 됩니다. 그 과정에서 이기심, 재물, 자만, 절망, 무지, 의심이 어떻게 우리를 하나님으로부터 돌아서게 하는지 이해하기 쉽게 쓰여 있습니다.

우리의 인생은 다음 목적지이자 종착지인 천국을 향해 가는 길입니다. 우리 각자가 세상에서 유일한 한 사람이기에 이 땅에서 살아가는 삶의 길도 전부 다른 모습일 것입니다. 누가 대신 걸어 줄 수 없고 각자의 두 발로

뚜벅뚜벅 걸어갈 수밖에 없습니다. 한 번에 한 걸음씩 걸을 뿐입니다. 동시에 두 방향으로 걸을 수는 없습니다. 눈길이 향하는 곳과 발길이 닿는 곳이 서로 다르면 넘어지기 쉽습니다. 오직 시선을 따라 나아가야 합니다. 우리의 마음과 눈이 향해 있는 곳에 우리의 발도 따라가게 될 것입니다.

크리스천이 믿음과 소망을 만나 함께 걸었듯이 우리는 그 길에서 좋은 동역자를 만나기도 합니다. 하나님은 필요한 순간마다 안내자를 보내 주시고 말씀의 교훈을 깨닫게 하시며 때에 따라 도움을 주십니다. 자녀인 우리를 지켜보시고 우리와 함께하시기에 우리가 홀로 흔들리지 않도록 주 안에서 형제자매를 만나게 해 주십니다. 그러나 때로 우리는 어둡고 두려운 골짜기를 지나기도 합니다. 고통 중에 있다고 해서 주어진 시간을 건너뛰거나 마음대로 조절할 수는 없습니다. 대신 "이 또한 지나가리라"는 말처럼, 힘들었던 시간은 어느덧 흘러갑니다. 시간의 주권은 하나님께 있으므로 하나님을 바라보며 함께 걸어간다면 우리 삶을 가장 아름다운 이야기로 만들어 주실 것입니다. 길이요 진리요 생명이신 예수님을 믿고 사랑하며 살다가 마지막에 천국에서 다시 만날 것을 믿습니다.

저도 언젠가 산티아고에 가 볼 수 있는 날이 올까

요? 천로역정을 읽었더니 굳이 산티아고까지 가지 않아도 주인공과 함께 순례길을 걷다 온 듯한 기분이 드네요. 두 다리로 자유롭게 걸을 수 있다는 것은 정말 축복입니다. 크리스천이 되어 하나님과 함께 걸을 수 있다는 것은 엄청나게 더 큰 축복입니다. 앞으로도 가슴 속에 그리스도의 사랑을 품고 하나님이 주신, 아직은 튼튼한 두 다리로 많이 걸어 다니려고 합니다. 저의 왼쪽 다리는 믿음, 오른쪽 다리는 소망이라고 생각하면서요. (아, 자동차 운전은 계속 저의 '돕는 배필'에게 부탁하려고요.)

함께한 책
★ 존 버니언, 『리마커블 천로역정』, 규장, 2007.

직업적 소명, 인생의 소명

소명

제가 정신과 의사가 되어야겠다고 결심하게 된 것은 인턴 생활이 끝나고 1년의 공백 기간 중 읽었던 이사야 61장 1절 때문이었습니다. "주 여호와의 영이 내게 내리셨으니 이는 여호와께서 내게 기름을 부으사 가난한 자에게 아름다운 소식을 전하게 하려 하심이라. 나를 보내사 마음이 상한 자를 고치며 포로 된 자에게 자유를, 갇힌 자에게 놓임을 선포하며." 그날따라 유독 "마음이 상한 자를 고치며"라는 말씀에 눈길이 머물고 마음이 울렸습니다. 상한 마음을 치유하는 그리스도의 사역에 동참하는 것이 제 소명일지 모른다는 생각이 들어 정신과를 지원하게 되었습니다. 일하는 동안 환자들의 의미 있는 변화와 성장을 바라보며 정말 보람을 느꼈습니다. 사람들을 위로하고 함께 웃고 울면서 저 또한 많이 성장하였기에 이 길을 걷도록 인도해 주신 하나님께 참 감사합니다.

정신과 의사로 일하다 보니 진정한 치유는 하나님께 있음을 깨닫게 되었습니다. 과거에 비해 좋은 약이 개발되었지만 약으로 완치되지 않아 오랜 세월 정신 질환을 앓는 환자들을 보면서 의학 기술의 한계를 느낍니다. 약이 효과가 있더라도 다른 신체적 질병 때문에 약을 사용하지 못하거나 부작용이 심해 제대로 치료받지 못하는 환자들도 있습니다. 같은 치료를 해도 다른 결과가 나오기도 하고, 치료를 받지 않았는데 좋아지는 경우도 가끔 있습니다. 왜 하필 누군가에게 이런 병이 생겼냐는 질문에 생물학적 취약성과 스트레스 탓을 해 보지만 저로서도 다 알 수 없습니다. 질병과 죽음은 이 땅에 사는 이상 누구나 피할 수 없는 삶의 문제이자 결과겠지요.

삶의 작은 일에도 그 맘을 알기 원하네
그 길 그 좁은 길로 가길 원해

나의 작음을 알고 그분의 크심을 알며

소망 그 깊은 길로 가길 원하네

저 높이 솟은 산이 되기보다

여기 오름직한 동산이 되길

내 가는 길만 비추기보다는

누군가의 길을 비춰 준다면……

— 한웅재, '소원' 중에서

이 노랫말처럼 정신과 의사로 일한 10년 동안 나의 작음을 알고 그분의 크심을 알게 되었습니다. 제가 할 수 있는 일은 그저 누군가에게 '여기 오름직한 동산'이 되어 주는 것입니다. 저를 찾아오신 분들이 잠시 쉬었다 가면서 지나온 길을 되짚어 보고 앞으로 가야 할 길을 조금 더 멀리 볼 수 있도록 말입니다. 그동안 그것이 저의 '직업적 소명'이라고 받아들였습니다. 마음이 상한 자들을 치료하라는 부르심을 따라가다 보니 결국 저의 부족함을 깨닫고 하나님의 위대하심을 알게 되었습니다. 성령 하나님이 마음을 비추어 주셔서 나의 죄를 대신해 죽음을 당하신 예수님을 더 믿고 의지하게 되었습니다. 독생자 예수님을 이 땅에 보내신 하나님의 크신 사랑에 감사하게 되었습니다.

직장을 그만두고 당분간 필요 없어진 의사 가운을 옷장에 넣으며 '하나님 앞에 나는 어떤 사람인가'를 질문하게 되었습니다. 지나고 보니 직업 자체가 소명의 끝이 아니었습니다. 하나님 앞에서는 저의 속사람이 중요하다는 생각이 들었습니다. 일을 하지 않는다고 해서 소명이 사라지지 않았습니다. 직장이 없다고 해서 하나님의 은혜와 역사하심을 볼 수 없는 것이 아니었습니다. 하나님이 마음이 상한 자들을 돌보시고 우리 모두를 언제나 사랑하신다는 것을 이렇게라도 전하고 싶어졌습니다. "이 백성은 내가 나를 위하여 지었나니 나를 찬송하게 하려 함이니라"라는 말씀처럼 하나님은 우리를 당신의 자녀로 부르시고 우리에게 당신을 기쁘게 찬송하는 '인생의 소명'을 맡기셨습니다.

내가 세상에 태어난 목적은 무엇일까? 어떤 일을 하며 살아야 할까? 세상은 복잡하고 우리 마음속은 더 복잡할 때가 있지만, 하나님은 기뻐하고 찬송하라고 말씀하십니다. 혹시 여러분이 젊은 날의 저처럼 진로에 대해 고민 중이라면, 적성 검사든 심리 상담이든 직업 상담이든 궁금하면 다 받아 보셔도 됩니다. 혼자 고민도 많이 해 보시고 가족들과 상의도 하시되 하나님께 인도해 달라고 먼저 기도해 보세요. 모든 것을 아시는 하나님이 여러분 각자에게 다양한 형태로 말씀해 주시고 인도해 주실 거라 믿습니다. 세상에 하나뿐인 나를 다른 사람과 비교하여 더 낫다, 못하다 평가하는 것은 우리의 몫이 아닙니다. 최고의 토기장이이신 하나님은 한 사람 한 사람을 전부 다르게 빚으시고 날마다 다듬어 주고 계십니다. 각자 자기답게 살도록 다른 길로 인도하시니 남과 비교할 필요도 없고 비교할 수도 없습니다. 내가 할 수 있는 일이고 세상에 필요한 가치 있는 일이라면 전부 귀한 일입니다.

 직업은 맡은 역할에 따라 달리 갖추어 입은 옷과 같고 일 자체가 우리 삶의 목적은 아닙니다. 무슨 일을 하든 그곳에서 하나님을 찬송한다면 "Good Job!"입니다. 하는 일은 전부 달라도 우리의 찬양과 영광을 받으실 분은 오직 한 분 하나님이십니다. 창조주 하나님을 찬송하는 삶은 우리가 지음 받은 목적에 꼭 맞는 기쁜 삶입니다. 이 땅에서도 천국에서도 우리는 각자의 옷을 입고 한 마음, 한 목소리로 하나님을 찬송하게 될 것입니다.

함께한 글과 음악
★ 이사야서.
★ 한웅재, 〈소원〉, 2001.

마음이
　　성장하는 이야기

의미

요즘 90년대생 청년들을 '무민 세대'라고 부른다 합니다. 저는 이 단어를 보고 하얀 하마처럼 생긴 순둥이 캐릭터 무민Moomin의 자연 친화적 모습을 떠올렸습니다. 알고 보니 "없을 '무'無에 의미를 뜻하는 영어 단어 '민'mean을 합친 말"이라고 하네요. 치열하게 공부하며 학창 시절을 보낸 Z세대는 사회 초년생이 되기 위해 또다시 쉴 틈 없이 경쟁하며 취업을 준비합니다. 저성장 시대에는 뿌린 만큼 거두기 힘들뿐더러 뿌릴 수 있는 밭이 거의 남아 있지 않은 것처럼 보이기도 합니다. '하면 된다'는 낙관적인 분위기가 '되면 한다'는 냉소적인 분위기로 바뀌었습니다. 요즘은 노력한 만큼 성공할 수 있는 기회가 적다 보니 '해 봐야 의미 없다'(무민)는 공감대가 생긴 것 같습니다.

또 다른 신조어로 '미닝 아웃'이란 말이 있습니다. 이것은 "'신념'을 뜻하는 '미닝'meaning과 '벽장 속에서 나온다'는 뜻의 '커밍 아웃'coming out의 합성어"로, 소비 행위를 통해 자신의 신념이나 가치관을 표출하는 것을 말합니다. Z세대는 직접 하는 봉사 활동보다는 소비로써 가치관을 드러냅니다. 선한 영향력을 끼치는 기업 제품은 자진하여 홍보하고 구매하지만 인종 차별, 노동 착취 등 공정하지 않은 기업 제품에 대해서는 불매 운동을 하는 성향이 있습니다. 물론 트렌드만으로 Z세대 개인을 깊이 이해할 수는 없겠지만, Z세대가 중요하게 생각하는 가치를 알면 청년들을 이해하고 소통하는 데 도움이 될 것 같습니다.

Z세대는 어린 시절부터 승자만이 살아남는 무한 경쟁 사회, 공짜가 없는 자본주의 사회를 경험했습니다. 그들은 미래의 사회적 지위나 명예, 보이기 위한 성공, 내가 속한 집단을 위해 현재 개인의 행복을 희생하지 않습니다. '무민 세대'와 '미닝 아웃' 모두 개인의 가치와 신념,

권리를 중요시하는 Z세대 청년들의 성향을 잘 나타내 줍니다. 『말하기를 말하기』의 저자 김하나 작가는 "인생은 레벨 업이 아니라 스펙트럼을 넓히는 것"이라고 하였습니다. 자신의 개성을 소중하게 생각하는 사람은 남들과 똑같이 레벨 업을 하기 위해 모두 같은 방향으로 달리는 것이 별로 의미가 없다는 것을 알고 있습니다. 저는 김하나 작가의 말을 '인생은 나의 능력이나 지위를 높이는 것이 아니라 나의 의식을 넓혀 가는 것'이라고 받아들였습니다. 의식의 확장이란, 거의 의식하지 못하지만 분명히 존재하는 무의식을 의식화하여 자아를 확장하는 것, 나 중심의 삶에서 가족과 이웃, 사회로 관심과 배려의 영역을 넓혀 가는 것, 그리고 보이는 세상이 전부가 아님을 깨닫는 영적인 시야를 넓히는 것입니다. 바로 여러분과 나누고 싶었던 '마음의 성장' 이야기입니다.

보통의 여름날과 다름없던 6월 어느 날 꿈을 꾸었습니다. 천장이 아주 높고 네모난 어떤 방에 들어갔는데 정육면체 모양의 공간에 물이 가득 차 있었습니다. 저는 수영을 잘하지 못하기 때문에 당황스럽고 두려운 마음이 들었지만 일단 한 발을 내딛고 걸어 보았습니다. 놀랍게도 물에 잠긴 채 서 있었지만 걱정했던 것과 달리 숨을 쉴 수 있었습니다. 꿈속에서 몇 발짝 걸어 다니며 "어? 숨이

쉬어지네?" 하며 신기해했습니다. 강한 인상을 남기는 꿈이어서 이 꿈이 저와 어떤 관련이 있을까 생각해 보았습니다. 사실 열심히 생각한다고 해서 별수가 있는 것은 아닙니다. 꿈의 해석에는 정답이 없을 테니까요. 꿈을 대할 때 "그 최후의 비밀을 아직 모르는, 그러나 의미 있는 현상으로서 겸허하게 그 뜻을 살피는" 자세가 필요합니다.

처음 떠오른 것은 물의 부피와 무게가 주는 압박감입니다. 글재주도 없으면서 무모하게 책을 쓰기 시작한 저 자신을 스스로 구박하던 날이 생각납니다. 이미 좋은 책이 세상에 넘쳐나는데 과연 내 글도 책이 될 수 있을까 의심이 들었습니다. 높이 쌓여 있는 물이 저보다 앞선 많은 사람들이 쓴 지혜로운 책의 무게처럼 느껴졌습니다. 실제로 그들처럼 좋은 글을 쓸 자신도 없고 능력도 없기에 글 쓰는 작업을 자주 미루기도 했거든요. 침대 옆에는 한번 읽어 보고 싶은 좋은 책들을 여기저기 탑처럼 높이 쌓아 놓은 채 말이죠. 괜히 압박감만 느끼고 결국 다 읽지도 못했습니다.

다음으로는 물이 가득한 정육면체의 방 속에 갇힌 저의 모습에서 유리병 속 마리모가 겹쳐 보였습니다. 마리모의 이미지는 저의 마음이 투영된 것이었을까요? 어쩌면 이 글 전체가 지난 시절을 가만히 돌아보고 스스로 기억하고 싶은 이야기를 정리한 것일 수도 있습니다. 의식적으로는 책을 읽고 계실 여러분의 성장에 도움을 주고 싶다는 생각을 하며 책머리에 번듯한 말을 그럴 듯하게 써 놓았지만 저의 무의식은 알려 주고 싶었나 봅니다. 이것이 저의 마흔 살 인생 기록이기도 하다는 것을요. 만 40세가 되어도 여전히 서툴고 소심한 사람인지라, 한번 인쇄되면 주워 담을 수도 없을 텐데 경솔한 글 방정을 떨지 않았나 걱정이 됩니다. 저의 무의식은 제가 이렇게 글쓰기의 무게에 눌려 숨 막히는 걱정을 하게 될 것을 알고 있는지, 그래도 숨은 쉴 수 있지 않냐고, 최소한 '물을 먹고'(낙방하거나 곤란을 당한다는 뜻으로도 쓰이죠) 허우적대거나 위험해지지는 않았다며 용기를 주고 있는지도 모릅니다. 물에 빠진 것이나 거의 마찬가지였지만 물속에서 걸으면서 숨을 쉴 수 있었다는 것은 그나마 다행입니다.

인생이 자신의 스펙트럼을 넓히는 것이라면 그것은 동그란 마리모 같은 마음에서부터 시작하는 것 같습니다. 저마다의 자리에서 자기 마음을 키워 나가고 의식을 확장하는 것이지요. 다른 사람의 자리와 내 자리를 비교하지 않고 내 마음이 전보다 얼마나 성장했는지를 비교해 봅니다. 내가 소중한 사람이듯 다른 사람도 소중하게 대하고 함께 성장하려고 합니다. 보이지 않는 현실 너머의 세계를 생각할 때 어떤 마음으로 살아야 할까 고민해 봅니다. 지금 이 글을 읽고 계신 여러분도 자신의 마음이 잘 성장하고 있는지 저와 함께 들여다보시면 좋을 것 같아요.

저도 부족하지만 글을 쓰면서 제 마음이 더 성장할 수 있게 무의식의 바닥에 숨겨져 있는 용기를 꺼내야겠습니다. 깊은 물에 압도되지 않도록 심호흡을 한 뒤 저답게, 서툴지만 조용히 한 걸음씩 걸어가 볼게요. 그리스도인 정신과 의사로서 날마다 하나님의 인도하심을 구하며, 여러분과 함께 의미를 찾고 감동하며 살고 싶습니다.

(이것은 어디까지나 저의 꿈에 대한 제 생각과 느낌일 뿐입니다. 모든 꿈이 항상 의미 있게 다가오는 것은 아니지만 어떤 꿈은 꿈을 꾼 당사자에게 강한 인상을 남깁니다. 보통 꿈이라는 무의식적 현상은 낮에 보았던 잔상이 콜라주처럼 섞여 있는 아무런 맥락 없는 이미지일 수도 있으니 꿈의 의미를 섣불리 단정 짓지 않도록 주의해야 합니다. 다만 저는 꿈이 그 꿈을 꾼 사람의 심리적 상태에 대한 정보를 줄 수 있다고 보기에 저의 꿈과 제가 생각해 본 의미를 여러분께 조심스럽게 나눠 보았습니다.)

함께한 책

★ 이부영, 『분석심리학』, 일조각, 2009.
★ 고광열, 『MZ세대 트렌드 코드』, 밀리언서재, 2021.
★ 김하나, 『말하기를 말하기』, 콜라주, 2020.

가까이하면
　　　　가까워지는 비밀

다 알 수 없을지라도

아마 2006년 11월 11일이었던 것으로 기억합니다. 친구가 다니던 교회에서 해마다 열리는 전도 축제일이었어요. 예수님을 안 믿던 사람이 어쩌다 하루 교회에 간다고 해서 과연 믿게 될까 싶은 분들이 많으실 줄 알지만, 믿게 될 수 있습니다. 제가 바로 그 당사자거든요. 저도 친구 부탁에 마지못해 교회를 가면서도 이렇게 될 줄은 몰랐습니다. 하나님의 은혜라고 설명할 수밖에 없겠네요. 그런데 의과대학을 졸업한 뒤 수련의 생활을 하는 동안은 너무 바빠서 주일에도 거의 교회에 가지 못했어요.

수련의 과정을 마친 후 전공의 선발시험에 불합격하여 재수를 하게 되었습니다. 1년 내내 시험 공부만 하기에는 시간이 아까워 보였습니다. 마침 친구가 한 선교단체에서 운영하는 제자훈련 프로그램을 알려 주었습니다. 어떻게 해야 시간을 가장 가치 있게 사용할 수 있을까 고민했고 하나님에 대해 더 알고 싶다는 생각에 하나님과 함께 시간을 보내기로 했습니다. 물론 그런 곳에 가야만 예수님의 제자가 될 수 있는 것은 아닙니다. 진짜 배움터는 지금 우리가 서 있는 이곳이고, 참 스승이신 예수님의 삶을 닮아 가는 제자훈련은 평생 해야 하는 것이니까요.

그곳에서 저는 몇 개월 동안 다른 형제자매들과 매일 예배를 드리고 말씀을 배우고 봉사하는 생활을 했습니다. 무언가 잘 해내기 위해 애쓰지 않아도 되는 느긋한 시간이었습니다. 온전히 하나님께 집중할 수 있는 소중한 시간이었습니다. 그 전에는 하나님이 만물을 창조하신 위대한 신인 것은 알겠는데 차마 '아버지'라고 부를 수 없었다면, 그 후에는 하나님을 나의 아버지로, 예수님을 나의 주님으로, 성령 하나님을 인격적으로 더 가깝게 느끼게 되었습니다.

지금도 여전히 기도할 때 간구하는 기도를 많이 하기는 합니다만 훈련 과정 중에 특히 인상 깊었던 것은 하나님의 음성을 듣는 것이었습니다. '하나님의 음성 듣기'가 관점에 따라서는 영적 감정에 치우친 신비주의적 행위가 아니냐는 오해를 살 수도 있습니다. 하지만 하나님의 음성을 듣는 연습을 한다고 해서 제가 사무엘처럼 "사무엘아, 사무엘아" 하고 부르시는 하나님의 음성을 들으며 하나님과 대화를 나눌 수 있는 것은 결코 아닙니다. 단지 저의 마음과 감각을 하나님을 향해 열어 두어야 한다는 것을 배웠을 뿐입니다. 만약 하나님께 전화를 걸어서 빠른 응답을 받을 수 있다면 얼마나 좋을까요? 아니면 카톡 메시지라도 보내서 제 기도를 들으셨는지(들으셨으면 '1'이 없어지겠죠?) 확인할 수 있으면 덜 답답할 텐데 말이에요. 저의 경험을 돌이켜 보면 하나님은 제가 원할 때(지금 당장) 말씀하시지 않고 꼭 아주 늦지는 않게(하나님의 때에) 다양한 형태로 알려 주시는 것 같아요. 그래서 귀를 기울일 수밖에 없도록, 늘 하나님을 생각하고 기대하며 기다리도록 말입니다.

　　하나님의 음성을 듣는 것은 하나님의 뜻을 알고 따르는 것이라고 생각합니다. 우리가 하나님을 만나고 하나님과 교제한다 해도 그것은 겉으로 잘 드러나지 않으니 다른 사람들은 알 수가 없습니다. 하나님과 나만 아는, 말로 설명하기 곤란한 내적인 경험입니다. 하나님이 내 마음에 감동을 주신 것이 단지 나의 생각인지 하나님의 뜻인지 분별하려면 하나님을 가까이해야 합니다. 하나님의 뜻을 분별할 수 있는 지혜를 달라고 기도해야 합니다. 특히 혼자 상상하기 좋아하는 저에게는 분별의 지혜가 꼭 필요한 것 같습니다. 제 스마트폰 요금제는 LTE-340이라는 '안심차단 요금제'입니다. 8년 넘게 사용해서 그런지 한 달 요금이 2만2천 원 정도밖에 안 됩니다. 요즘은 와이파이 연결이 잘 되는 곳이 많아서 주어진 데이터를 다 쓰는 일이 별로 없습니다. 하지만 가끔 그 달의 데이터를 다 사용하고 나면 와이파이가 잘 터지는 곳에서만 인터넷을 이용할 수 있습니다. 얼마 전 남편과 와이파이가 잘 안 터지는 곳에 갔는데 제가 잔여 데이터를 소진한 상태라 인터넷 연결이 안 되더군요.

"여보, 와이파이 좀……."

그러면 남편은 테더링을 해 줍니다. 남편의 스마트폰은 거의 무제한 요금제라 언제든 데이터를 사용할 수 있거든요. 스마트폰의 개인용 핫스팟을 이용하는 테더링은 거리가 멀어지면 쉽게 끊겨 버립니다. 그래서 테더링이 필요할 때면 "여보는 나의 와이파이~"라며 괜히 남편과 팔짱을 껴 봅니다. (남편은 귀찮은지 돈을 더 내고 요금제 좀 바꾸라고 하지만 저는 통신비도 절약하고 남편에게 장난도 좀 더 치려고요.)

테더링이 가능하려면 가까이 있어야 합니다. 상대의 와이파이 신호를 잘 잡으려면 팔짱을 끼고 함께 걸어야 합니다. 하나님의 음성을 듣는 것도 이와 같이 하나님을 가까이 해야 들을 수 있는 것 같습니다. 어떻게 하면 하나님과 가까워질 수 있을까요? 사랑하는 사람을 대하듯 하나님을 궁금해하고 예수님의 마음을 깊이 생각해야 할 것 같아요. 하나님의 말씀에 감동하고 하나님이 만드신 아름다운 세상에 자주 감탄하고요. 교회 공동체에서 함께 예배를 드리는 것도 아주 좋습니다. 찬송을 부르고 성경을 읽고 기도를 하면 하나님을 바라보는 시간이 많아집니다. 지금은 비록 신호가 잡히지 않더라도, 하나님의 큰 뜻을 다 헤아릴 수 없을지라도 연약한 인간의 삶을 다 아시는 예수님은 기다리고 계십니다. 우리가 팔을 내밀어 예수님을 붙잡기를, 예수님과 함께 나란히 걷는 삶을 소망하기를요. 함께하는 시간이 쌓일수록 더 친밀해집니다. 선한 목자이신 예수님의 음성을 듣고 따르는 그분의 양이 됩니다.

'하나님이 정말 계실까? 예수님이 나도 사랑하실까?' 저음 믿기 시작할 때는 궁금한 것이 참 많았습니다. 신앙생활을 10년 넘게 한 지금도 하나님에 대해, 전국에 대해 궁금한 것이 여전히 많습니다. 다 알 수 없을지라도, 괜찮습니다. 믿음은 작은 물음에서 시작되어 자라나는 것이니까요. 우리가 지금은 희미하게 보지만 그때에는 얼굴과 얼굴을 마주하고 볼 것이며 지금은 부분적으로 알지만 그때에는 하나님이 우리를 아신 것 같이 우리도 온전하게 알게 될 것입니다.

다 알 수 없다 해도, 보이지 않고 들리지 않는다 해서 존재하지 않는 것은 아닙니다. 아직 기독교를 믿지 않으셔도 괜찮습니다. 하나님이 어떤 분이신지, 십자가가 왜 '사랑'인지, 기독교가 어떤 종교인지 궁금증만 가지게 되셨더라도 이미 신앙의 여정을 시작하신 거나 다름없습니다. 아무리 큰 그림도 작은 점 하나에서 시작합니다. 풍성히 열매 맺는 나무도 조그만 씨앗에서 싹이 틉니다. 믿음도 그렇습니다.

함께한 책
★ 사무엘상.
★ 요한복음.
★ 고린도전서.

하루를 보내는 마음

선물 같은 하루

지금 생각하면 참 부끄럽지만 학교를 다니면서 지각을 많이 했습니다. 고등학생 때 1교시 수업 시간에 늦어서 교실 맨 뒤 차갑고 더러운 마룻바닥에 남은 시간 동안 무릎을 꿇고 앉아 있는 벌을 받은 적도 있었어요. 그럼에도 불구하고 습관을 고치기 힘들었습니다. 대학을 졸업한 후 돈을 받고 일을 하면서 지각하는 습관을 겨우 고칠 수 있었습니다. 시간이 곧 돈임을 뒤늦게 깨닫고 정신을 차린 것이지요.

　　마흔 살이 되고 보니 인생의 절반이 지나간 것 같아 조금 아쉬운 마음이 듭니다. 다행히 큰 병은 없지만 20대 시절만큼 집중력과 기억력도 좋지 않고 체력이 약해져 쉽게 피곤합니다. 딱히 아픈 곳이 없는데도 민낯으로 다니면 아파 보인다는 소리를 듣습니다. 거울 속 모습에서 세월의 흔적을 하나씩 발견할 때 "시간 앞에 서글프지 않은 것은 없다"는 명언을 다시 한 번 떠올리지 않을 수 없습니다. 시간은 돈이 아니라, 돈을 주고도 살 수 없는 귀한 것이었습니다.

　　아이가 네 살쯤 어린이집을 다닐 무렵이었는데, 일어나자마자 식사 준비, 출근 준비를 허둥지둥 한 뒤 바쁘게 일하고 집에 오면 또 아이를 챙기느라 쉴 틈이 없었습니다. 무언가에 쫓기듯 일을 하며 '왜 이렇게 정신없이 살고 있지?' 하는 생각이 들었습니다. 그러던 어느 날 우연히 평소보다 조금 일찍 일어나게 되었는데 혼자 깨어 있는 조용한 아침 시간이 참 평화롭고 좋았습니다. 차분하게 모닝커피를 마시고 하루를 시작할 마음의 준비를 하니 아이가 깼을 때 꼭 안아 주고 뽀뽀하며 활짝 웃어 줄 수 있더군요. 정리 정돈을 잘 못해서 엉망인 집안 살림도, 가족들의 스케줄도 변한 것 없이 다 그대로인데 하루를 맞이하는 저의 태도가 단정해지고 여유로워졌습니다.

그 후로 가족들보다 살짝 먼저 일어나 혼자 커피를 마시고 사부작거리며 자유로운 시간을 갖습니다. 부지런한 사람들이 새벽 4-5시에 일어나 자기 계발을 한다는 '미라클 모닝' 수준도 아니고 새벽 예배를 드릴 정도로 일찍 일어나지도 못합니다. 그저 예전보다 조금 일찍 자고 조금 일찍 일어나는 수준이에요. 미라클 모닝이 유행하기 전 아주 옛날 옛적에 맹자께서 '평단지기'를 말씀하셨다지요. '동이 틀 무렵 새벽의 맑고 신선한 기운'은 일상의 업무에 치이고 대인 관계의 의무를 다하려고 애쓰느라 잃어버린 자신의 마음을 돌아보게 해 줍니다. 아침이 분주하면 새로운 하루를 잘 보내야겠다는 첫 마음을 잃기 쉽습니다. 정신없이 바쁘기만 하고 내 마음은 돌아보지 않아 허탈한 밤을 맞게 됩니다. 맑은 정신으로 하루를 시작하면 그날의 소중하고 특별한 순간들을 놓치지 않을 수 있습니다.

그동안 무수히 많은 하루를 보냈지만 하루를 진짜 선물로 받은 건 이때부터였던 것 같습니다. 전에는 하나님이 주신 하루라는 선물을 귀한 줄도 모르고 휙 낚아채어 포장을 마구 뜯어 버리고 정작 내용물이 뭔지 잘 알지도 못한 채 후다닥 창고에 넣고 잊어버렸습니다. 아침의 여유를 알고 나서부터는 오늘은 어떤 선물일까 기대하는 마음으로 하나님이 보내 주신 선물 상자를 살포시 열어 봅니다. 그리고 가족들을 불러 함께 선물을 나누며 기뻐합니다. 근심과 걱정이 없는 삶은 아니지만 차분한 마음으로 감사하며 하루를 보냅니다. 밤이 되면 아이와 함께 내일 하루도 잘 보내게 해 달라고 기도하고 잠이 들지요.

밖에서 보기에는 여전히 비슷하게 쳇바퀴처럼 반복되는 일상이며 지극히 평범한 하루이긴 합니다. 과거의 저는 눈뜨자마자 갑자기 쳇바퀴를 따라 돌기 시작하며 헉헉거렸지만, 지금은 마음의 준비 운동을 하고 나서 감당 가능한 속도로 쳇바퀴를 돌리는 것 같아요. 조금 일찍 일어나 말씀 한 줄, 커피 한 잔 하면서 "자, 이제 하루를 시작해 볼까?" 하고 아침을 여는 것은, 피아노를 치기 전 "하나-둘-셋" 숨을 고르는 것처럼 사소하지만 하루를 평온하고 부드럽게 시작하게 해 줍니다.

"빛이 있으라" 말씀하시며 천지를 창조하신 하나님이 오늘도 아침 햇살을 비추어 주시며 새로운 하루를 주십니다. 누구에게나 공평하게 그날의 하루를 선물해 주십니다. 어떤 사람은 선물을 받은 줄도 모른 채 살아가고 어떤 사람은 선물이 필요 없다며 길가에 버립니다. 어떤 사람은 선물을 주신 분께 감사하며 그것을 소중히 사용합니다. 하루를 보내는 나의 마음의 상태가 달라지면 365일의 하루가 소중해집니다. 매일 주시는 생명의 선물을 받아 날마다 새롭게 다시 태어나는 마음으로 살면 인생을 대하는 태도도 달라집니다. 미국의 소설가 애니 딜라드는 "하루를 어떻게 사는가가 바로 인생을 어떻게 사는가다"라는 유명한 말을 남겼답니다.

언젠가 하나님께서 천국으로 부르시는 그날까지 저의 모든 하루가 하나님이 주신 선물이라 생각하려 합니다. 하나님이 매일 주시는 선물에 기뻐하고 감사와 찬양을 드리며 하나님이 제게 맡기신 일을 충실히 해낼 수 있으면 좋겠습니다. 천국에서 주실 완전히 새로운 날을 기대하면서요.

에필로그

마리모의 안부를 전하며

"내 방인데 왜 내 마음대로 못해요?"
발 디딜 틈 없이 장난감을 어질러 놓았기에 아이에게 방 청소를 하라고 했더니 눈을 동그랗게 뜨며 이렇게 불평을 합니다. 당황스러웠지만 "네 것이라고 해서 함부로 대하면 안 돼. 소중하게 생각했으면 좋겠다"고 말해 주었습니다. 사실 아이는 자기 방을 갖게 해 달라고 간절히 원하거나 부탁한 적이 없습니다. 요청하기도 전에 저희 부부가 사랑하는 아이를 기쁘게 해 주려고 고심해서 방을 꾸며 주었으니까요. 그래서 자기 공간에 대해 소중함을 느끼지 못했나 봅니다. 무언가를 정말 소중하게 생각한다면 내 마음대로 함부로 대할 수 없습니다.

저도 하나님을 알기 전 25년 정도는 '내 인생이니까 내 마음대로' 살았습니다. 그러던 중 친구의 권유로 마지못해 예배에 참여했지요. 설교 말씀을 듣던 중 이상하게도 그동안 대단히 잘못 살아 왔다는 생각이 강하게 들었습니다. '어쩌면 내가 잘못 살았던 게 아닐까?' 하는 정도가 아니라 무슨 법정에서 무기 징역 선고라도 받은 것 같은 충격을 받았어요. 그동안 저는 하나님이 없는 것처럼 하나님의 존재를 무시했고 기독교인들이 자기가 믿고 싶은 것만 믿는다고 비판했습니다. 그날 저의 교만과 무지를 회개했고 그 후로 교회에 다니기 시작했습니다. 이해가 안 되고 믿을 수 없던 기독교 교리가, 하나님의 사랑과 예수님의 십자가가 점점 믿어졌습니다.

어른이 되어서 뒤늦게 예수님을 만났기 때문에 믿음이 생기는 것이 얼마나 놀라운 일인지 경험으로 알고 있습니다. 믿음이란 당연히 주어지는 게 아니고 은혜임을, 전해 주는 사람이 있어야 들을 수 있다는 것을요. 제가 저 자신을 위해 제 마음대로 살고 있는 동안 누군가 저를 위해 기도하고 있었습니다. 예수님을 믿고 하나님께로 돌아오게 해 달라고요. 보이지 않고 들리지 않아도 기도의 힘은 놀랍습니다.

하나님이 풍성한 삶을 누리라고 생명을 주셨지만

우리가 받은 생명을 당연하게 여기면 그 소중함을 잘 모를 수 있습니다. 하나님이 사랑으로 창조하셨고 우리가 태어나기도 전 우리 죄의 대가를 치르시고 끊임없이 중보하시기에, 우리는 모두 소중한 사람입니다. 예수님을 몰랐을 때 제 인생의 주인은 저 자신이었습니다. 지금도 옛 습관이 남아 있긴 하지만 예수님을 인격적으로 만나고 나서는 주인 자리를 주님께 넘겨 드리겠다고 결심했습니다. 그런데 제가 주인이었을 때보다 오히려 인생을 더 소중하게 생각하게 되었습니다. 함부로 살 수 없어 더 의미 있게 살게 되었습니다.

우리는 알지 못하는 것을 사랑할 수 없습니다. 전하지 않은 말을 들을 수 없습니다. 누군가 전해 주었기 때문에 제 인생이 달라졌듯이, 여러분에게도 예수님을, 하나님의 사랑을 전하고 싶습니다. 예수님을 잘 알게 되면 그분을 믿게 되고 사랑하게 될 것입니다. 예수님을 믿으면 성령 하나님이 우리 안에 거하시며 우리의 내면을 거룩하게 변화시켜 주실 것입니다. 하나님이 저와 여러분을 느린 듯해도 진실하게 성장시켜 주시기를 온 마음으로 기도합니다.

이 책은 그동안 제가 만났던 환자 분들을 떠올리며 생각나는 대로 편안하게 쓴 글입니다. 부족하지만 저를 믿고 진솔한 마음속 이야기를 들려주셨던 것에 감사드립니다. 진료실에서 제가 여러분께 질문은 많이 하면서도 반대로 개인적인 질문을 받게 되면 치료에 별로 도움이 되지 않는다는 이유로 답을 못 드렸어요. 틀린 말은 아니었지만 그래도 서운하게 느끼셨을 수 있습니다. 미안하고 고마웠던 마음을 진료실 밖에서 이 글로 대신 전합니다. 여러분은 진료실의 진짜 주인공이고 정신과 의사는 여러분의 이야기를 '듣는 데 진심'인 사람입니다. 마음이 우울하고 답답할 때 진료실 문을 두드리시고 정신과 의사에게 그 마음을 들려주세요.

우리는 모두 하나님의 자녀이고 형제자매입니다. 꾸준히 자기만의 속도로 성장하고 있는 포도나무 가지입니다. 만일 한 지체가 고통을 받으면 모든 지체가 함께 고통을 받는다는 말씀처럼, 힘든 시간을 보내고 있을 때 여러분이 결코 혼자가 아님을 기억하면 좋겠습니다. 저는 하나님이 바로 지금 이 글을 읽고 계신 독자 분을 위해 이 책을 쓰게 하셨다는 생각이 듭니다. 괜한 허풍 같이 들리나요? 그래도 이것만은 꼭 믿어 주세요. 하나님은 신비롭게도 우리 모두를 공평하게 사랑하시며 또 한 사람 한 사람을 각별히 사랑하신다는 것을요. 하나님이 우리를 우리 자신이 아는 것보다 훨씬 더 잘 알고 계시고 우리 기도를 다 듣고 계신다는 것을 잊지 않았으면 좋겠습니다.

사서 고생을 한다며 신기해하면서도 글을 쓰는 데 많은 조언을 해 준 고마운 남편(돕는 배필!)과 언제나 엄마를 믿고 사랑해 주는 아들에게 사랑과 감사의 말을 전합니다. 사랑으로 키워 주신 부모님과 제가 만난 모든 선생님들께, 그리고 소소한 글을 예쁜 책으로 만들어 주신 '바람이 불어오는 곳' 출판사 대표님께 진심으로 감사드려요. 이 책이 나오기까지 온 마음으로 응원해 준 친구 김세영과 수고해 주신 많은 분들께도 감사드립니다. '예수님은 나의 기쁨'을 연주해 주신 세 분의 연주자(권희경 님, 백지인 님, 정혜진 님) 덕분에 최고의 하나님께 최선의 것을 드리는 것이 무엇인지를 배웠습니다.

하나님의 은혜로 새로운 모험을 하게 되었습니다. 모든 과정을 인도해 주신 하나님께 감사와 찬양을 올려드립니다.

삶의 경계를 열어 주는 바람이불어오는곳의 책

다시, 성경으로
거대한 회의의 산을 넘어
빛바랜 성경을, 다시 집어들다
레이첼 헬드 에반스 지음 | 칸앤메리 옮김

베들레헴 그날 밤
사랑이 태어나고, 희망이 다가오다
맥스 루케이도 지음 | 윤종석 옮김

베들레헴 그날 밤
크리스마스 컬러링북
리지 프레스턴, 클레어 맥엘패트릭 지음

보시는 하나님
이주와 난민, 그리고 환대 이야기
캐런 곤잘레스 지음 | 박명준 옮김

부서진 사람
부르심을 따라 살았던 사람,
하인리히 아놀드의 생애
피터 맘슨 지음 | 칸앤메리 옮김

영혼의 밤을 지날 때
우울증을 안고 살아간 믿음의 사람들
다이애나 그루버 지음 | 칸앤메리 옮김

마음속 한 구절
시편 컬러링북
제임스 뉴먼 그레이 지음

하나님은 어떤 분일까?
엄마가 들려주는 하나님 이야기
레이첼 헬드 에반스 지음
박총, 박김화니 옮김

슬픔의 노래
세상의 모든 라헬을 위한 시편
앤 윔즈 지음 | 장준식 옮김

예수의 어려운 말들
그분의 이해할 수 없는 말씀 속으로
에이미질 레빈 지음 | 윤종석 옮김

늘 제자리인 것 같아도
진료실에서 못다한 공감과 희망의 메시지
송준미 지음

헤아려 본 믿음
레이첼 헬드 에반스 지음 | 김경아 옮김

공중그네의 삶 근간
뜻밖의 자유에 눈뜨는 이야기
헨리 나우웬 지음 | 윤종석 옮김

온 마음 다하여 근간
살며 사랑하며 믿는 삶에 대하여
레이첼 헬드 에반스 지음 | 백지윤 옮김

난 아직 여기에 있다 근간
백인의 세상에서 흑인의 존엄을 찾아서
오스틴 채닝 브라운 지음 | 황기한 옮김

늘 제자리인 것 같아도

초판 1쇄 인쇄 2022년 11월 23일
초판 1쇄 발행 2022년 12월 5일

지은이 송준미
펴낸이 박명준

편집   박명준   펴낸곳 바람이 불어오는 곳
디자인 즐거운생활   출판등록 2013년 4월 1일 제2013-000024호
제작   공간   주소 03041 서울 종로구 자하문로 5, 5층
                     전자우편 bombaram.book@gmail.com
                     문의전화 010-6353-9330   팩스 050-4323-9330

ISBN 979-11-91887-10-5 03810

• 이 책의 판권은 지은이와 바람이 불어오는 곳에 있습니다.
  이 책의 내용의 전부 또는 일부를 재사용하려면 반드시 양측의 서면 동의를 받아야 합니다.

• 잘못된 책은 구입하신 곳에서 교환할 수 있습니다.

바람이불어오는곳은
삶의 신앙 여정을 담은 즐거운 책을 만듭니다.

bombaram.book